ライバルに打ち勝つ究極の処方箋

部品数マネジメント の教科書

佐藤嘉彦

100万点を30万点に減らした伝説の技術者に学ぶ

日経BP

はじめに

会社の経営危機を救った部品数マネジメント

事実の上に新しい事実が生まれる

　本書の結論を先に話しておきましょう。本書の狙いは、

- ▶ 部品数を少なくしてビジネスを成立させること
- ▶ 最適な部品を創ること
- ▶ 部品数が増加しない仕組みをつくること

にあります。これらを実現すると、固定費を含めた大幅な経営資源の効率化が図られ、儲ける企業体質へと変貌を遂げることができます。その具体的な効果としては、

- ▶ 開発効率が上がり、開発期間を短縮できる
- ▶ 開発費を削減できる（設計・検証時間や治具・金型開発期間を縮減できる）
- ▶ 管理・生産・補修など社内各部門で大幅な効率アップが図れる
- ▶ 部品数が減ると、それに比例する開発要員や工場要員が減り、働き方改革に貢献できる
- ▶ 生産用部品や補修用部品、治工具・金型などの保管面積を減少できる

ことなどが挙げられます。そのために、随所に「バリューマネジメント（Value Management、VM）の基本や応用が登場し、部品問題以外にも大いに応用できることを前置きしておきます。

ここで、読者の皆さんの中には「部品数削減や共通化は過去にさんざんやってきた」「古い話だ」と思われる方もいるでしょう。しかし、振り返ってみてください。「やったけど、うまくいかなかった」「成功しなかった」「継続しなかった」という方も多いのではないでしょうか。こうした読者の皆さんにとって本書の内容はきっと、目から鱗が落ちる話、これまでに聞いたことのない新しい話と感じられると確信しています。

　本書では、あえて筆者の自伝的な書き方としました。それは、読者の皆さんに「事実」を伝えたかったから。机上論や理想論では決してありません。筆者自身がサラリーマン時代に体験したこと、その後のコンサルタント時代に18社2500日にわたって指導してきたことなど、全てが実体験や実践論に基づいています。各章のコラム「現場の裏話」には、さらに泥臭い一面も紹介しました。

　読者の皆さんには、本書に記載された事実をヒントに、どうしたらさらにその上をいけるのかを考えてほしいと思っています。事実の上に新しい事実が生まれる──。机上論の上には机上論しか生まれません。

そっくりショーでそっくり部品をあらわに

　新型コロナウイルスの感染拡大で未曽有の事態に襲われた我が国のものづくりには、大きな変化が現れてきました。在宅勤務とかリモートワークとかいった言葉に象徴されるように、ものづくりがま

すます現場から離反し始めています。それでなくとも、多くの技術者が机上で議論するところを目の当たりにし憂いてきた筆者にとって、背筋が寒くなる思いです。どのようにして現場回帰をするか──。今、我々は重要な分岐点に立っています。ここでは、筆者がまさに現場で経験してきた、本書のテーマである部品数削減について簡単に説明しておきます。

　筆者はサラリーマン時代、勤務先の自動車メーカーが経営危機に陥り、再建を旗印に３つの特命を受けました。そのうちの１つが「部品数マネジメント」です。当時の筆者の立場は開発部門の職制部長で、原価を創り込む技術の研究・普及・実践を担当していました。そんな筆者に、購買本部長の専務（後の社長）がある会議後、「会社が危ない。当社は同じタイプの車を作る〇〇社と比べると、部品種類数が５倍あるそうだ。それをとにかく５分の１に減らせ」と、倒産危機が公になる前から特命を突き付けてきたのです。

　筆者はまず、当社が抱える部品数を調べました。開発部門のコンピューターで検索すると、総数も分かり、部品番号から毎年の部品増加分も把握できました。ところが、です。その総数が、生産管理部門のコンピューターで検索した総数とも、補修用部品部門のコンピューターで検索した総数とも異なり、どれが正しい総数なのかが全く分からない状態。これが、特命を受けた直後のスタート地点でした。ただ、３部門の総数から想定すると、あと３年で「100万点に達する」ことは推測できました。

実は、筆者は 1972 年に「テアダウン（Tear Down）」という比較分析法を開発し社内とグループ会社で実践、大きな効果を生みました。1976 年には一般公開し、多くの製造業にこの手法を広めてきました。

　社内ではこの比較分析法を活用し、数万点の類似品を並べては「そっくりショー」さながらに部品の削減を実践したのです。すると、経営幹部からは、部品を減らすきっかけをつくった筆者はお褒めの言葉をもらい、部品を増やしている設計者たちはお小言を食らいました。そんな設計者たちは、その場では神妙になるものの、そっくりショーが終わるとまた翌日から、せっせと部品を増やしていったのです。なぜか──。設計者たちは、部品の絵（図面）を描くこと自体が本業だったからです。

　筆者は結局、取引先を交えたそっくりショーを 3 回実施し、各回で万単位の部品を削減して有頂天になっていました。しかし当時、重要なことを怠っていながら、それに気づいていませんでした。重要なこととは、部品の種類を増やさないで済む方法（仕組み）を構築すること。実は、私が実施してきたことも、この点においては失敗だったのです。

　褒めたり叱ったりした経営者たちも、「なんだ、この設計は！こんなに似ている部品なら一緒にしてしまえ」という指示はできるものの、部品の種類数がどれだけ経営の足を引っ張っているかまではなかなか想像できませんでした。その結果、開発部門が「少しで

もよい部品を」とひたすら努力しているうちに、部品の種類数はどんどん増えてしまったのです。

部品を 70 万点削減し、会社史上最高益を達成

なぜ、部品の種類数は増えるのか——。突き詰めて考えると、真の原因は、部品数そのものに関するマネジメントが存在していなかったことにあります。経営幹部も設計者も、そして筆者自身も、そこに全く気付かず実践していませんでした。

さらに、経営幹部も含めて多くの人が、そっくりショーにおいてどこに違いがあるのかさっぱり分からない「そっくり部品」を目の当たりにすると、「どうして？」「ひどい設計だ」と非難するだけで、そこに至る過程で発生した固定費の大きさには思い至りませんでした。かくいう筆者自身も、そうなのです。あれだけ、現場・現物・現実の三現主義で部品を見せられてきたというのに…。ここに、VM の視点が始まったのです。

結局、当時の会社では、「少しでもよい部品を」との観点から、その固定費を考慮しない「誤った最適設計」を繰り返し、部品数はひたすら増え続けていました。結果、会社は転覆寸前。真の「選択と集中」が欠けていたというわけです。

こうした中、会社の危機を予見した当時の購買本部長が、早々に筆者に特命を発しました。そして 2 年後には倒産危機が公になり、特命が正式な再建プロジェクトとして登録されたのです。

同プロジェクトの目標は当初、「部品の種類数を 100 万点の 5 分の 1 にする、すなわち 80％削減すること」とされました。しかし、「過去・現在・未来それぞれで 10 万点必要」との屁理屈から、最終的な目標は、「100 万点から 30 万点に、すなわち 70 万点削減」「30 万点で企業活動が正常に回る会社」にすることに決まりました。

　同プロジェクトは 1991 年にスタートし、再建を果たした 1995 年に終了。どうにかこうにか目標数 30 万点をクリアすることに成功し、翌 1996 年度決算では当社史上最高益を達成しました。「30 万点でもビジネスが回る」「30 万点でも収益を拡大できる」ことを証明したのです。

最先端の武器を使う前に…

　その後、筆者は会社を離れ、コンサルタントとして独立しました。離職後 12 年経ってから会社を訪問し、その時点での部品数を尋ねると、「27 万 8000 点」と返ってきました。10 年以上にわたって部品数の増加防止や削減が継続的に実施されてきたことの証しです。これを聞いて、筆者はようやく、「部品数マネジメントは成功した」と判断することができました。

　読者の皆さんには、古い話と感じられるかもしれません。しかし、マネジメントの原則に「古い」「新しい」はありません。この事実は、まさに基本中の基本。部品を共通化したり共用化したり、あるいはモジュール化して減らしたりすれば、必ず儲かる──。それ

にもかかわらず、多くの会社がこの理屈を理解しながらやらない
か、理解できずにやらないかのどちらかなのです。

今や、情報通信技術（ICT）、人工知能（AI）、デジタルトランス
フォーメーション（DX）などといった最先端の言葉を聞かない日
はありません。これらが、これからの製造業の武器になることは間
違いないでしょう。しかし武器を使う前に、武器を有効に使いこな
せる基本を身に付けておかなければなりません。本書で紹介する部
品数マネジメントやモジュラーデザインは、まさに VM を背景にし
た基本です。それが実践できていない会社は、いくら最先端の言葉
を並べても何の武器にもなりません。

改めて、本書は、一般耐久消費財を最終商品とするものづくりの
会社で筆者自身が実践してきた、部品数マネジメントとモジュラー
デザインの経験的教訓を基に記しました。さらに、その後のコンサ
ルタント時代に研究した、受注生産製品や化学製品などの要素を加
えつつ、適用範囲は工場設備にまで広げました。いかに少ない部品
（設備）数で、最高の競争力を持つ商品を創るか。いかなる部品数
マネジメントで、ビジネスとして最大の利益を創出するか。本書に
は、その秘訣を余すことなく詰め込みました。まさに VM です。読
者の皆さんが働く会社の活性化、ひいては働き方改革の一助になれ
ば幸いです。

佐藤嘉彦

contents

第2章 部品数マネジメントは立派な経営課題

contents

第3章 モジュラーデザイン

contents

1

第 1 章

部品の種類はなぜ増えるのか

第1章
部品の種類はなぜ増えるのか

　部品数が増えると、何が起きるのか——。ものづくりの工程が発生します。新たに治具・金型を準備します。人員も必要になります。倉庫などのスペースも確保しなければなりません。このようにざっと挙げるだけでも、多くのリソースが必要になるのです。もちろん、それを回収して余りあるほどの収益を上げられるだけの付加価値が、その部品にあればいいのですが、現実はそう簡単ではありません。部品増加には、慎重な対応が求められます。本章ではまず、部品が増える要因について詳しく解説していきます。

1.1　部品って何？

1.1.1　部品の定義

　本題に入る前に、1つ、お聞きします。読者の皆さんが関係する製品に使われている部品を定義すると、どんなものになりますか。薬剤や添加剤などの化学製品も、ある意味ではこれから述べる部品と同じような意味合いのものが多くあると思います。そこで、まず、本書でいう部品や部品モジュールなどの定義の共有から入りましょう。

　筆者がサラリーマン時代に部品数マネジメントで課せられたテーマは、勤務先の自動車会社が保有する部品総数約100万点を30万点に減らすことでした。実に、70％の削減です。その活動の中で、1点1点の部品を減らすために、まず部品群を把握しました。例えば、ドアミラーならば、過去から現在に至るまでに生まれた全てのドアミラーを「1部

品群」としたのです（**図表 1-1**）。フェンダーミラーについては、ドア
ミラーに代替されて使われていなかったものの、補修用部品として存在
していたことから別の部品群としました。そして、部品群の中で「生き
ている部品」「死にかかっている部品」「死んでいる部品」などと区分し
ながら、種類数を削減していきました。実は、この過程で、「部品サブ
アッセンブリー」という単位の部品番号が混在しており、この活動を進
めていく上では「部品」の定義が必須となってきたのです。

図表 1-1 ●ドアミラー
本書では、この単位を「部品」と呼びます。
（出所：筆者）

　では、部品とは何か──。設計上は、1 つの部品として部品番号を取
得できるものを指します。その部品には当然、構成するいくつかの部品
が存在しますが、それらは俗に「構成部品」と呼ばれます。例えば、ド
アミラーの場合、ミラーやハウジング、ミラーを動かすモーター、ギヤ
などが構成部品です。自動車メーカーでは構成部品ではなく、そのアッ
センブリー状態、すなわちドアミラー自体を 1 部品として扱い、そこに

部品番号を付与して管理しています。本書で言う部品の定義はこの単位とし、BOM（Bill of Materials、部品表）では最下位の単位となります。

　一方、ドアミラーのメーカーから見ると、ドアミラーが製品、それを構成するミラー（鏡）やハウジング、モーターなどが部品になります。しかし、自動車メーカーのBOMには、部品メーカーの部品は記載されないのが一般的です（部品メーカーの部品が記載されているBOMもあるようですが、筆者自身は確認したことがありません）。

1.1.2　部品数とは、部品種類数とは

　続いて、部品数、部品種類数、サブアッセンブリー、ユニットモジュール、BOMの定義についても確認しておきましょう。

　部品数は、部品番号が付番されている部品の数に、部品種類数は、同じ部品群の中に存在する部品の種類の数になります。

　続いて、サブアッセンブリーとユニットモジュールです。自動車の組み立てを例に取ると、1つの組み立てラインで全ての部品が1点ずつ組み立てられていくわけではありません。いくつかの部品はあらかじめ組み立てラインのすぐ横や外注先でサブアッセンブリーし、それをメインの組み立てラインで組み立てていきます。

　外注先がティア1（1次部品メーカー）やティア2（2次部品メーカー）といった大規模な部品メーカーになると、例えばダッシュボードのエアコンのルーバー、オーディオ、エアバッグ、コンソールボックスなどの部品をセットしたコックピットモジュールのような相当大きな部品の集合体を納入します（図表1-2）。実際には、自動車の組み立てラインの

タクトタイムに合わせて供給し、大掛かりなロボットやホイストでつり上げられて組み立てられたりします。さらには、自動車の組み立て工場内の敷地でサブアッセンブリーし、コンベアで組み立てラインに供給しているティア１さえあります。本書では、こうした組み立て上のサブアッセンブリーの単位をユニットモジュールと定義しています。

図表 1-2 ●コックピットモジュール
こうした組み立て上のサブアッセンブリー単位をユニットモジュールと定義します。
（出所：マークラインズ、https://dictionary.marklines.com/ja/cockpit-module/）

　最後が、BOM です。自動車のような大規模の製品はもちろん、スマートフォンなどの電子機器やトースターをはじめさまざまな家電製品にも部品表、すなわち BOM は存在します。ただし、BOM 上のサブアッセンブリーと組み立てライン上のサブアッセンブリーが異なることが多々あります。これは、E-BOM（Engineering Bill of Materials、設計部品表）と M-BOM（Manufacturing Bill of Materials、製造部品表）

の違いになります。

　例えば自動車の足回りにある安全確認センサーなどは、安全装置系の部品表（E-BOM）に表示されていながら、組み立て時（M-BOM）には足回り用のアクスルに組み込まれたりしています。このため、BOM 上のサブアッセンブリーと組み立てライン上のサブアッセンブリーは必ずしも同一とはならないのです。

1.2　部品数が多いと何が問題か

1.2.1　原価管理の基本方程式

　まずは、部品、部品数、部品種類数などの定義を押さえました。続いては、部品数が多いと何が問題かが分かるように、原価について解説します。実は、これについてはタイトルにある通り、分かっているようで分かっていないのが実情。ここでは、できるだけ分かりやすく解説しますが、本節と合わせて第 4 章 4.2 をお読みいただけると、より理解が深まります。

　さて、日本において原価管理・原価企画活動が芽生えたのは、1960 年代に遡ります。米国から価値分析（Value Analysis、VA）が導入され、原価低減活動が活発化し始めました。歴史的には、1963 年にトヨタ自動車で原価企画が始まったといわれています。ただし、その頃の原価企画は今の原価企画とは異なり、目標原価管理だったようです。それはともかく、原価管理はこの時代から徐々に産業界に浸透し、経済学をはじめアカデミアでもしばしば「原価低減」「原価管理」を唱えるようになる

など、ものづくりに欠かせない管理技術の1つになっていきました。

　原価管理のポイントは、「材料費＋加工費＝原価」という方程式で、今でいう変動費の範疇に属するものです。材料費と加工費はいずれも「コスト（Cost、費用）」。従って、原価低減とは、「材料費をいかに低減するか」「加工費をいかに低減するか」になります。もう少し詳しく見ていきましょう。

　材料費は、「材料単価×材料使用量」で計算します。材料を安いものに替えれば、材料単価が抑えられて原価が下がります。材料の歩留まりを上げれば、材料使用量が減ってやはり原価が下がります。正確には、余った材料（端材）の価値も計算に入れるようにします。

　一方、加工費は「加工時間×加工賃率」により計算しますが、過去を振り返ると、加工時間の短縮が主な改善活動となってきました。その代表格が、トヨタ自動車が実践する生産方式「トヨタ生産方式（Toyota Production System、TPS）」や、リードタイムを短縮する「ジャスト・イン・タイム（Just In Time、JIT）」です。とりわけTPSの原価低減では、ムダ・ムラ・ムリを徹底的に排除して加工時間を短縮し、上記方程式に基づいて「〇〇円（年間〇〇万円）の縮減！」ともてはやされました。これらは、多くの日本企業が学び導入しましたし、さらにTPS経験者がコンサルタントとして海外へ指導に渡り、日本のものづくりが世界に浸透しました。しかしよく考えてみると、加工費を成す、もう1つの加工賃率については手をつけてこなかったのです。

　なぜか──。チャージとも呼ばれる加工賃率については、極めて曖昧なルールで決められていたからです。一般には、作業者の総コスト（そ

もそも、これも曖昧です）に、工場で発生する間接総コストを加えたコストの合計（分子）を、作業者の総作業時間（分母）で割って計算します。ところが外注品となると、分子に、よく分からない営業費や開発部門費、その他間接コストなどを加えて算出したりします（ますます、曖昧になってきました）。治具・金型費（これも、多くの企業に基準がありません）に関しては、別払いで処理されるか数量償却されるかによって、加算になったり非加算になったりします。こうしたことから、加工賃率についてはなかなか手をつけてきませんでした。

　ちなみに、研究開発費や多くの間接部門費は、原価計算上は現れず固定費として扱われます。従って部品が増えても、原価が曖昧なので一向に問題として顕在化しないのです。

1.2.2　採算よりもタイミング重視

　開発部門の仕事は「新しい製品（商品）を創る」「市場の求めに応じて創る」ものと、企業幹部や実務者は考えていました。「利益を創る」部門と口では唱えるものの、実務的には発売時期が来たら赤字覚悟でも販売を開始し、その後の原価低減（Cost Reduction、CR、または Reduce Cost、RC。ちなみに Cost Down は和製英語）活動で収益を確保すればよいと考えていた企業は少なくありません。

　というのも、当時の原価企画活動はまだ立場が弱く、目標管理がかなわなくとも、「予定の発売タイミングになったから」「モーターショーに間に合わないから」とか、「このデザインは絶対だから」「この機能は必要だから」はたまた「法規制の期限だから」とか、何かと理由をつけ、

採算よりもタイミング重視で製品や部品を造っては市場に出していったのです。要は、筆者の勤務した会社のみならず、日本の多くの会社において原価企画は妥協の原価企画でした。いや、このことは過去形ではなく、現在進行形にほかなりません。

　しかも、その後の原価低減においても、変動費管理で「誤った最適設計」を繰り返し行いました。「誤った」というのは、真の原価管理・収益管理を行わずに、変動費管理だけであたかも原価が安くなったと判断していたことを指します。ここからです、部品数問題が「間違いの道」を歩んでいくのは…。

1.2.3　従業員数と部品数の関係

　1つの部品を造るには、原材料の他に、多くの人と作業、設備が関与します。材料や部品が工場に納入されてきて、それが全て瞬間的に消費できれば良いのですが、実際にはそうなりません。すると、スペースが要ります。以前からの在庫や仕掛り品もあり、これらの資材は工場のどこかに保管されたり運搬されたりします。万一、スペースが足りなければ、増築したり近隣の倉庫を借りたりもします。そして結果的に余って残ってしまった材料や部品については、棚卸減耗費で処分する、すなわちお金をかけて捨てることをしないといけません。部品が発生すると、このようなことが次から次へと起き、机上で仕事をしている人たちには計り知れない「コストのかかる」作業があまた発生しているのです。

　製造業のビジネスにおける最終的な出力は、自動車メーカーなら自動車、家電メーカーならエアコンや掃除機などの家電製品で、それぞれに

は機種の名称や番号や記号が付いて市場に流通していきます。これらは
いわば、部品が組み立てられて完成状態になったもの。そして、その部
品、正確に言えば部品の図面を出力しているのが、開発部門の設計部の
技術者たちなのです。言い換えると、開発部門は「部品を創る工程の最
初の部署」となります。

　図面は、最初の試作用の図面から、品質保証の確認が取れると量産用
図面になります（**図表 1-3**）。この図面を発行するために、開発部門の

費用発生部門	主な作業内容
商品企画部門	どんな機能をどんな部品で創るかを計画
設計部門	レイアウト設計、寸法のアウトライン 部品構想 類似部品検索 試作用新部品設計・出図
試作部門または 外注先	試作品手配 試作・部品製作・完成 品質保証確率（試験）
設計部門	量産図面設計・出図
調達部門	発注先選択
社内または調達部門	治工具・金型設計・製作 量産試作、強度・耐久試験、品証体制整備
社内または外注先	治工具・金型設計・製作 量産準備、納入ロット、荷姿決定
生産管理部門	生産指示または発注
部品受け入れ部門	取り入れ、品証、在庫・出庫
組み立て部門	組み付け
部品部門	補修用部品取り入れ 補修用部品在庫 補修用部品出庫 補修用部品在庫管理

さあ！これらにいくらの時間（コスト）を費やしたか！
社内だけでなく外注先の分は
おっと！投資分の金利も計算

この部品・製品でいくら売り上げが、そしていくら利益が増えたか！

図表 1-3 ●部品が生まれる主なステップと固定費の関係
部品が１つでも発生すると多くの関連部署で固定費が発生します。
（出所：筆者）

技術者たちが日々活躍しているのですが、果たして、余計な部品を起こしては下流工程に余計な作業を押し付けてはいないでしょうか。自分が起こした部品に対してお客様からきちんと対価をいいただけているでしょうか——。実は、このことが、本書の問題提起の根幹にあるのです。まさに、バリューマネジメント（Value Management、VM）にほかなりません。

　話を戻しましょう。量産用図面が出ると、社内で製造する部品は生産技術部門に託されます。一方、社外で製造する部品については調達部門が発注先を決めます。受注した外注先では、生産部門が量産品を造れるように金型や治具の設計を担当し、品質保証部門がISOなどの規格に沿って品質保証体制を整備します。こうして、材料の調達から生産試作での品質確認まで量産体制が整うことになりますが、全てに人手が関与する、すなわち人件費がかかっています。

　量産に移行すると、内製分は材料発注・受け入れ、そして生産指示。外製分は価格を決めたら発注予告をし、時間納入など細部にわたり生産指示。完成した部品を受け入れたら、それらはストックし、生産指示に基づいて組み立て工場に配膳し、製品に組み立てられて工場から市場へと出ていきます（**図表 1-4**）。

　一方、補修用部品部門は、市場からの要求に応じて速やかに純正部品を供給できるように、ある程度の数の部品をストックして出庫に備えます。多くの自動車メーカーの場合、新車発売と同時に、補修用部品を出庫できる体制を整えています。

　以上、部品が生まれてから製品に組み込まれて市場に出ていくまでの

図表 1-4 ● ある会社の倉庫
ここでものづくりをしたら、一体いくら稼げるでしょうか。
（出所：筆者）

大雑把な流れを書き出しましたが、メーカー内はもとより、部品を受注している外注先でも、部品が１つ増えればこの一連の作業のために、多くの人員が割かれると同時に、資材置き場や金型置き場など多くの追加スペースが必要となります。加えて、部品として廃棄処分という「死亡宣告」を受けるまで、多くのリソースが費やされ続けるのです。いかに膨大なリソースであることか――。読者の皆さんにはぜひ、原価計算の勘定科目に関与する全ての費目が、この部品発生からスタートしていることを改めて認識してほしいと思います。ここで、ポイントをまとめておきましょう。

　▶ 設計人員、開発要員は部品数に比例する

　▶ 開発期間（時間）は部品数に比例する

　▶ 開発投資は部品数に比例する

- ▶ 生産スタッフ数（生産管理、部品管理、現場管理）は部品数に比例する
- ▶ 補修部品の管理時間は部品数に比例する
- ▶ 工場の大きさは部品数に比例する
- ▶ 補修部品倉庫の面積・人員は部品数に比例する
- ▶ 工場の共通部門用面積（例えば厚生棟）は部品数（に比例する従業員数）に比例する

　余談ですが、6番目のポイント「工場の大きさは部品数に比例する」からこそ、JITが生まれ、工場内在庫を最少にする運動が始まったのです。もしJITを徹底し、組み立てラインにおいて工場入り口からラインサイドまで無人搬送車（Automatic Guided Vehicle、AGV）で部品を供給したら、倉庫も配送車も不要になります。つまり、在庫はゼロ。ところが現実は、部品が多いから実現しません。読者の皆さんの会社の在庫金額はどれくらいになりますか。

◀ コラム 現場の裏話［1］ ▶

工場の中で付加価値が生まれるエリアはたった2割

　筆者の現役時代の出来事です。

　工場の当該年度の予算配分の会議で、各部門が自部門のエリアの拡張を主張し合う場面がありました。そのときに、「工場は製品を造る場所、言い換えれば付加価値を創り出す場所なのに、その面積は工場の全面積のわずか20～30％に過ぎないのではないか」と、筆者が問題提起をしました。

　そこで、このことを誰もが一目瞭然となるように、筆者は「見える

化」することに。具体的には、事務所部門を除いた工場全体図を広げ、付加価値の生まれる（製品化するために部品の形を変える）エリアは「青色」に、トイレや通路、更衣室などの生活関連のエリアは「黄色」に、そして倉庫や部品の受け入れ場所、検査場、配膳場所などは「赤色」に塗って「色分け」をしたのです。

　その結果を見て、私は愕然としました。青色は実に20％台しかなく、赤色に至っては60％台も占めていたのです。付加価値を生む場所の狭さに対し、倉庫や部品の受け入れ場所の何と広いことか——。この事実が、部品数と在庫量の多さを如実に語っていたのです。

1.2.4　新部品・新製品はいくら稼いでいるか

　こうした主張を展開すると、「しからば、全て古い設計の部品で製品を造れ」と述べているように聞こえるかもしれません。しかし、製品・部品は市場で競合他社の製品・部品に勝たなければならない宿命を背負っています。つまり、製品・部品はお客様から価値が認められ、お金を頂戴できるものでなければなりません。これはまさに、バリューエンジニアリング（Value Engineering、VE）の方程式「価値（V）＝機能（F）／コスト（C）」（V：Value、F：Function、C：Cost）通りなのです。

　競合品に勝る製品・部品には価値があります。設計者としては、設計冥利に尽きる製品・部品を世に送り出したといえるでしょう。しかし図表1-3で見た通り、製品・部品を市場に送り出すには、多くのリソースを投入し多くのコスト（変動費・固定費）を要します。それだけに、今描いている製品・部品の図面には、投入費用に相当する価値があるのかをしっかりと見極めなければなりません。そのポイントは、

- ▶ 原価を固定費レベルで計算したか（本章 1.2.5 参照）
- ▶ 新たな投資となる場合、元は取れるか（お客様はお金を支払ってくれるか）
- ▶ 類似品で代用できないか
- ▶ 他の部品で寸法合わせなどの変動を吸収できないか
- ▶ 修正する場合、材料や工程の共通性はチェックしたか
- ▶ 補修用部品になる場合、類似品と互換性はあるか、あるようにするにはどうしたらいいか

などなど、視野を広げて検討することが重要となります。経営者に、管理者、実務者も含めて日々チェックが必要なのは、今まさに描いている図面。筆者の経験では、新規部品の多くで価値が認められないものがありました。逆に言えば、そこが部品数マネジメントの攻めどころになります。そうした「部品数最少化運動」を実践すると、必ず、従来とは異なった文化が芽生えてきます。これが、VM 効果の1つです。

1.2.5 気がつかない原価費目

上述のポイントの1番目に関連して、原価について触れておきましょう。

特に厄介なのが、外注部品です。外注先からの価格交渉用の見積もりには、いくつかの方法がありますが、一般には、従来品との比較（比較法）だったり、KKD（勘・経験・度胸）で「エイヤっ！」とやったり、少し突っ込んでコストテーブル法で見積もったりします。そして、最終的な価格決定用の見積もりについては、あたかも正確であるかのような

積算見積もり法(読者の皆さんは、中身をしっかり確認できますか)などで提出します。

　原価企画を実施している開発部門の関係者は、こうした見積もりに対しネゴ(価格交渉)でいくばくか切り下げを要求し価格を決定します。目標コストに収まれば、(高くても)「よしよし」と手が離れる。目標コストに未達であれば、あれやこれやと難癖や屁理屈をつけてさらなる値下げを要求する。それでも目標コストに達しなければ、「がんばったんだから…」と、自分を自分で慰めて終わりにします。

　こうしたやり取りを通して価格が決まり、購買担当者の中には「自分の力で○○円値下げさせた」と鼻高々になっている人も見受けられます。だいたい、外注先はあらかじめ値下げ要求分を見込んで見積もりを設定しているのですが…。まあ、それは置いといて、多くの会社はこうして決まる価格を「コスト」と呼びます。怖いのは、この「誤ったコスト」データが、あたかも裏付けのあるような「正しいコスト」データとしてデータベースに加わっていくことです。

　多くのコストは、本章1.2.1で解説した、「材料費＋加工費＝原価」の方程式で計算され見積もられます。その際、しばしば問題になるのが、治具・金型などの投資額が数量償却でチャージに算入されているケースです。しかも、チャージは一定数量を生産した後に変わることが多くあります。加えて、新しい部品が発生すると、**図表1-3**に示した各プロセスのコストはどこに入るのか、外注先の社長の給与や営業の経費はどこに入るのかなど、原価要素は限りなく曖昧になっていきます。結局、新たな部品が発生してもこうした問題は闇のまま、部品数はひたすら増

えていくのです。

　一般に、新しい部品が登場すると、古い部品の生産量が落ちます。例えば、新製品のトースターが売り出されたとしましょう。その新製品は、機能が増えて価格が高くなりました。すると、それまでの従来製品は、機能が古く価格が安い「廉価版」として存在することになります。しかし、新製品と廉価版を合わせたトースターの販売総数は変わりません。なぜなら、他社のシェアを食うほどの大ヒット商品なら別ですが、トースターを使う人口が特段増えるわけではないからです。すると、

- ▶ 自社の販売量の中では、新製品の数量が増えた分、従来製品の数量は落ちる
- ▶ 従来製品の部品の生産ロットは減少し、生産効率は落ちる
- ▶ 新製品の在庫スペースや治具・金型の保管スペース、時に生産工程のスペースも増加する
- ▶ 外注先でも同じ現象が生まれる
- ▶ 補修用部品が増加する

といった事態に陥ります。しかし、先の見積もりの方法のどれにも、こうしたコストの増加分は加味されていません（実際には、見積もりはどんぶり勘定なので、最初から十分すぎるほど上乗せされた金額になっていますが…）。つまり、価格はコストを1つ1つ積み上げたものではなく、ネゴによってざっくりと決められたものなのです。

　近年はIoT（Internet of Things、もののインターネット）などの発展により、コンピューターから打ち出された資料を基にもっともらしく決められていますが、大半が固定費を適当に案分し明細を繕った「偽コ

スト」なのです。変動費中心の原価計算はもはや時代遅れ。正しいコストは、原価管理に登場する「活動基準原価計算（Activity-Based Costing、ABC)」[注1-1]のような分析を実施し、発生コストの詳細をより正確に見える化していかなければなりません。そうでないと、部品発生のブレーキとはなり得ないのです。DX（デジタルトランスフォーメーション）の時代になれば、そろばんではなくさまざまなツールを駆使し、外注先の利益などをしっかりと認め、ABCなどでコストを明確にしていけるに違いありません。

注1-1　活動基準原価計算（Activity-Based Costing、ABC)：どの製品やどのサービスのために発生したかが分かりにくい間接費（財務会計上は固定費）を、それぞれの製品やサービスのコストとしてできるだけ正確に配賦することで、製品やサービスのコストの精度を上げていく分析法。

◀ **コラム 現場の裏話［2］** ▶

開発部門費の詳細を業務分析で見える化

　製品が大量に生産・販売されるのは結構なことだが、それにしても、部品が多く生まれすぎてはいないだろうか──。

　そう考えた筆者は、部品を生み出している開発部門の開発部門費が製品開発のどこに費やされているのかを調べようと、開発部門の全従業員（課長以下）を対象に業務分析を実施することにしました。

　そこでまず、筆者たちが扱っていた製品を「商用車」と「乗用車」に大別しました。さらに、商用車は「10トン」「4トン」「2トン」に、乗用車は車名ごとに、そして各車は「現行車」「マイナーチェンジ車」「フルモデルチェンジ車」と年次別に層別。その上で、「エンジン」「ボディー（車体設計）」「電装部品（電装設計）」「シャシー部品」といった具合に装置ごとに細分化し、マークシート形式の調査表を作成しました。

　対象者には毎日、自分の業務時間がどこに充てられたのかを30分単位で調査表に報告してもらうようにしました。最初は抵抗がありました

が、少し慣れてきたらささっとマークして提出するようになりました。すると、

▶ 変更予定のない（はずの）機種に業務時間が発生していた

▶ ある年次で変更予定のない（はずの）装置が変更されていた（調べてみると、マイナーチェンジの機会を活用して潜在的不具合を直してしまおうとする「善意の設計変更」が行われていた）

などと、機種別、年次別、装置別の業務時間が明らかになりました。これらの結果を全て車種別の主管（Project Manager、PM）に集約し、それまでどんぶり勘定だった開発費を車種や年式ごとにきちんと見える化したのです。

　こうした詳細な実態把握により、マイナーチェンジで新カタログにうたわれない項目については見直されるようになるなど、大きなマネジメント改革のスタートになりました。

1.3　部品数が減ると何が起きるか

1.3.1　最適設計とは何か

　部品数が多かろうと少なかろうと、商品化する限り、企業にもユーザーにもそれなりの効用（Benefit）がなければなりません。そのため新規部品（新製品）を創る際には、競争力強化の観点から以下の事項を意識する必要があります。

《収益力》

▶ 企業に利益をもたらすか

▶ お客様にお金を払ってもらえるか（お金を払ってもらえない部品は、お客様にとって付加価値がない）

▶ 利益はいつまで継続できるか（その間に投資の元は取れるか）

▶ 売価の下落はないか（特に、新鮮味がなくなったときの売価の下落はないか）

《競争力》

▶ 他社を凌駕する新機能や使い勝手を有するか

▶ 新しいマーケットの開拓要素を持っているか

▶ 新しい時代を創る新技術を持っているか（材料、工法、構造、社会インフラなどの観点）

▶ リサイクルまで含め徹底的なコスト構造（Life Cycle Cost）の改革要素を持っているか

▶ 社会的コスト競争力はあるか〔カーボンニュートラル、SDGs（持続可能な開発目標）、資源、エネルギーなどの観点〕

▶ 製品シリーズ・製品ミックスに対応できるか

▶ 開発商品企画項目か

設計者には、収益力、競争力ともに、上記項目の確認と補償が求められます。

1.3.2　勝負するところ、しないところ

　当然のことながら、新規部品がなければ、設計も試作も試験も発注業務も、はたまた新しい部品棚も要りません。しかし、それでは競争に勝てません。だからといって、新製品やモディファイ商品なら売れるのか、儲かるのか、といったら、それもまた悩ましい問題です。

　そこで頭に置くべきは、新規部品は単にコスト的メリットのみなら

ず、新材料・新技術の導入なども含めた競争力強化に役立っているかどうかという視点です。筆者はこれまで多くの設計者と仕事をしてきましたが、彼らは概して、自分の努力に自己満足しているように見えます。「自分は、このプロジェクトに貢献した」と。しかし、ここは冷静に振り返ってもらいたいと思います。

　筆者が勤務していた会社では、部品数削減の改革をきっかけに「目標新規部品数」を設定するようになりました。「プロジェクト全体の目標新規部品数は○○○点、そのうち電装品ではメーター周りの改良に○○点、内装ではフロントシートの乗り心地の改善に○点…」などと目標を設定し、その範囲内で新製品やマイナーチェンジ製品を創ることにしたのです。この「重点志向戦略」は素晴らしい効果をもたらしました。

　従来は、何でも新しい部品を起こしていました。ところが、上述のように新規部品数に制約をかけると、新たに企画した商品の訴求ポイントに新規部品を重点的に適用し、目に見えないところ、あるいは特に訴求しないところについては従来の部品をキャリーオーバーして活用するようになりました。

　例えば、読者の皆さんの家庭にあるトースターで考えてみましょう（図表1-5）。「次のマイナーチェンジでは、パンなどの焼ける様子をもっと見やすくし、それを売りにして市場に出そう」と企画したとします。従来なら、まるでフルモデルチェンジのように、あれもこれもと連鎖的に部品を変更するところ、目標新規部品数を導入すると、訴求ポイントである「パンなどの焼ける様子をもっと見やすく」するために「扉のガラス部分だけを大きくしよう」と考えます。

　ただし、従来と印象を変えるために、スイッチの色は変更します。無論、色を変えるだけですから、金型は従来のスイッチと同じものを使います。家電製品ではあまり補修用部品としての出荷はありませんが、仮に出荷要請があっても対応は十分に可能です。この他、中のサイズは変えないので筐体は従来の製品をキャリーオーバー、トレーなどの付属品もキャリーオーバーします。

　このように、新商品では扉のガラスを大きくしてスイッチの色を変えるだけですが、イメージは従来品と大きく異なり、「中の様子がよく見える新商品」として競争力を発揮するのです。

変更点は扉とスイッチ

図表 1-5 ● トースターのマイナーチェンジ
変更は、扉のガラスとスイッチの２点。筐体のサイズやトレー、丁番の位
置などは変更せず、従来品からのキャリーオーバーとします。たったこれ
だけですが、がぜん新しい商品に見えてくるのです。
（出所：筆者）

　実は、この事例、筆者がコンサルタントをしていた家電メーカーで体験した本当の話です。この家電メーカーに限らず、こうした話はよくあります。商品企画段階で、いかに少ない部品でイメージを変えるか——。それができれば、売価アップになっても、メリットは非常に大きいといえます。ポイントをまとめましょう。

　　▶ 勝負するところをしっかり訴求（この事例では、視認性とイメージ）
　　▶ 新規部品の最少化で開発期間・納期を短縮（この事例では、扉とス

イッチ）

▶ 習熟度が高く品質も安定するキャリーオーバー部品を多用し生産
効率を向上

▶ 設計費や治具・金型費を最小限にし固定費削減

特に、4番目の固定費削減は、固定費管理をしていない会社には決して
見えてきません。固定費管理がいかに重要か、お分かりいただけたこと
でしょう。

　誤解のないように改めて記しますが、筆者は決して、新製品や新部
品、新構造などを否定しているわけではありません。常に競争力を発揮
していかなければ、部品や製品はすぐに陳腐化してしまいます。重要な
のは、そこをしっかりと戦略的に見極め、どこに競争力があるのか、ど
こが訴求ポイントなのかを商品企画の段階で見直し、重要な部分、すな
わち「絶対の競争力」の部分を共有化し、そこにヒト・モノ・カネをつ
ぎ込むことが重要なのです。筆者はそれを「メリハリ設計」と呼んでい
ます。そのポイントを図表1-6に整理しておきます。

1.3.3　メリハリ設計は効果絶大

　モデルチェンジやマイナーチェンジで実施するメリハリ設計におい
て、「勝負するところ」の設計作業は、図表1-6の「発想（創造）設計」
になります。その他の改良変更、すなわち「勝負しないところ」の設計
作業は、「選択・組み合わせ設計」になり、最適設計された既存の部品類
の組み合わせで実施します。

　こうすることで、コストや見えない固定費も含めた総原価が下がり、

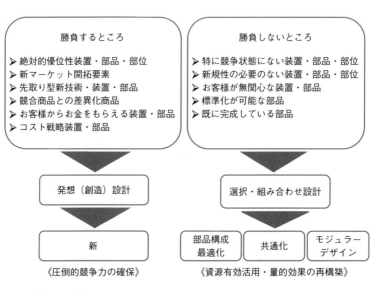

図表 1-6 ● メリハリ設計のポイント
「勝負するところ」と「勝負しないところ」を見極めて設計しましょう。

開発期間や納期の短縮に確実につながります。とりわけ開発期間の短縮
は、社内労務費の縮減以上に、商品開発のスピードが上がることによる
無形の効果が生じてくる点が大きいといえます。

　実際、開発期間や納期の短縮のために何をしてきたかを思い返してみ
てください。最たる例は、企業内での人員補強争いだったのではないで
しょうか。加えて、ソフトウエアをいろいろとそろえてみたりインフラ
を整備してみたりと、よいものづくりの本質とは別のところで戦力強化
をしてきたのではないでしょうか。

　ところが、です。上述のようなメリハリ設計を実践すれば、もう、そ
んな必要はありません。最小限の部品を対象にした製品競争力設計で、
ムダな人工やスペースが要らなくなるのです。そして何より、スタッフ

にも余裕が生まれてきます。そんなスタッフたちには部品群のモジュラーデザイン（Modular Design、MD）化などに注力してもらいましょう。すると、さらなるスリム設計が加速していきます。これは、筆者の実体験そのものです。

◀ コラム 現場の裏話 ［3］ ▶

部品を減らしたら、新型コロナウイルス対策に役立った

　部品数マネジメントは、筆者が勤務していた自動車メーカーだけの活動ではなく、取引先を巻き込んだグループ全体の活動でした。

　実際、経営難のときに、部品数を100万点から30万点に減らしたことで、それぞれの取引先にも大きな効果が及びました。当時、その効果分を購入単価に反映するか否かを議論しました。当社が苦しんでいたのと同様、取引先も苦しんでいたからです。しかし最終的には、その効果を単価に反映することはしませんでした。それでも取引先の幹部からは、「借りていた倉庫を返すことができた」「工場の中で威張っていた補給部品ストアーを工場の片隅に移動した」などと、社内からも、「3直交代で実施していた、生産指示のためのコンピューター作業を1直にすることができた」といった、感謝の言葉が寄せられたのです。

　そして当社でも、横浜市と川崎市の境にあった、国道1号線沿いの約1万坪の補修部品倉庫が不要になりました。**図表1-a**は、その跡地に建った大きな病院で、コロナ禍の今、病床不足をカバーするなど地域医療の重要な役割を受け持っています。このように部品数削減は、企業を再建しただけではなく、部品倉庫から命を救う病院へ、生産性のない土地から付加価値の高い土地へと変貌を遂げ、地域にも多大な貢献を果たしたのです。

図表 1-a ● 補修用部品の倉庫の跡地に建つ病院
これも、まさに部品数削減の効果。
(出所：筆者)

1.4 部品はなぜ増えるのか

1.4.1 部品数を抑制する仕組みがないから部品が増える

ここまで部品数削減の効果を見てきましたが、そもそも、部品数はな
ぜ増えるのでしょうか。付加価値を創り出す設計者たちは、少しでも良
いものを世の中に送り出そうと、日々夢を追って仕事をしています。そ
の一方で、リソース（人的資源、物的資源）をうまく使いこなしていな
い事例を、筆者は山ほど見てきました。その結果、いつの間にやら膨大
な部品の山が築かれてしまうのです。

こうした事態に陥るのはズバリ、部品数を抑制する仕事の仕組みがな
いからです。原因を分析すると、次の①〜⑩にまとめることができます。

①　利益競争を忘れた過当なシェア競争に陥っていないか

販売実績を評価する指標はいくつかあります。筆者が所属していた自動車メーカーの実務者たちが日々気にしていたのは、「販売台数」「売り上げ金額」「シェア」など、企業経営者たちが最も重要としていたのは、ある期間の「営業利益」でした。ただし、営業利益は原価計算同様、リアルな数字の把握が難しいため、代用指標としてついついシェアを気にしていました。

そのシェアとは、競合相手との戦いにおいて「勝った」「負けた」を測る指標として、商品を創り上げた技術者たちにとっては極めて関心の高いものです。しかし市場では、シェアは必ずしも商品性を示すものではありません。

シェア至上主義に陥ると、どうなるか——。シェアを確保するために利益を忘れます。一般消費財では、大幅値引きや景品付きなど、あの手この手の対策でシェアを上げようと頑張ります。耐久消費財では、集中的に宣伝費をかけて知名度を上げたり、利便性や使用感をアピールしたりします。「○○キャンペーン」などはその最たる例で、そこに発生する費用を加味すると、シェアはいくばくか高まるものの営業利益は減ってしまいます。

さらにはシェアを上げようと、競合品と商品性を比較分析し、どの部分においても負けないようにとコスト（原価）を無視した設計をすることさえあります。こうした過程で、新たな部品が多々生まれるのです。

社内の評価指標として、売り上げや利益ではなく、シェアを採用する会社が多く見受けられます。しかし、シェアは上述した通り、さまざ

な弊害をもたらします。会社はあくまでも利益競争です。このことを決して忘れないようにしてください。

◀ コラム 現場の裏話［4］ ▶

シェア1位を取るための奇策とは

　商用車のあるクラスで、シェアが万年2位の自動車メーカーがありました。その会社はトップになりたくて、というよりも、万年トップのライバル企業に一泡吹かせたくて奇策を打ち出しました。

　何と、年度末の3月に、年間累計でトップになれる台数分、具体的には約3000台を「自社買い」し、自社登録したのです。実は、自社登録すると、仮に走行距離が0kmであっても「新古車」となってしまい売価は値下がりします。この会社は、それでもシェア1位というタイトルが欲しかった、ライバル企業の連続1位を止めたかったのです。

　これは、誰もが非難する珍事で、業界内では大きなひんしゅくを買い、経済的な打撃も受けて、ついにその会社は傾いてしまいました。シェアは、会社が無理やり繕うものではなく、お客様のきちんとした評価の上で市場においてつくり出されるものでなければなりません。シェアにばかり目を奪われていると、いつか足をすくわれてしまいます。

② **言いなり受注になっていないか**

　お客様から「こういうものが欲しい」と要望されると、手持ちの材料や類似品に目もくれず、つい言いなりになってものを創ってしまう──。受注生産企業や多種少量生産企業に多く見られますが、読者の皆さんは、そんな経験ありませんか。実は、この「言いなり受注」が原因でどんどんと部品数が増えてしまうのです。

　言いなり受注にならないためには、まずはお客様の要望をヒントに、

自分たちが持っているさまざまな情報（最新の材料や構造、インフラの変化、他社の使い方など）を付加し、「造りやすくなる」「短納期で低コストになる」「付加価値が高くなる」など、自社内の、より良い代替品をお勧めするようにすると良いでしょう。

③　営業に戦略が欠けていないか

　営業に戦略がないと、部品数はやはり増えてしまいます。具体的には、長期戦略や商品ラインアップを無視して、「こういうものなら売れるだろう」という思い付き的な発想をしていると、商品（部品）の数は膨れ上がります。

　今や、商品はやみくもに創る時代ではありません。SDGsのような社会課題やカーボンニュートラル、海洋プラスチックといった環境問題など、社会の在り方や未来の姿をしっかり思い描きながら創らなければなりません。思い付き的な発想はやめ、しっかりと営業戦略を持って取り組めば、部品数もきっと最適化されるに違いありません。

④　分業化で役割分担が曖昧になっていないか

　社内組織の縦割り化が進むと、既存部品や既存システムを忘れて、要求があれば何でも創ってしまうという弊害があります。しかも、分業化し過ぎて経験者からの情報が伝わらなくなった組織は、同じ間違いを繰り返します。

　設計企画書や設計構想書の在り方にも起因しますが、分業化によって、主管部所がかえって曖昧になってしまうケースがあります。結果、

手続きが形骸化し、新規部品の発生を制御できなくなっているケースが案外多く見受けられます。

⑤ 仕事の仕組み自体がまずくないか

中途半端な原価企画の実態に見られるように、仕事のルールについても、他社や先進企業が実行しているからと付け焼き刃的に作っていませんか。

筆者がコンサルタントとして企業を訪問すると、「これもやっています」「あれもやっています」という説明をよく聞きます。「それはずいぶんと頑張っていますね」と感心して中身を聞くと、本来の姿と全く違った中身でビックリするということが間々あります。設計構想書もたくさん拝見しましたが、筆者が見たところ、魂が込められてなく機能していないものが多々ありました。それでも幹部は大抵、設計構想書が機能して仕事がうまく回っていると思い込んでおられましたが…。

要は、せっかくの設計構想（新設計の思想のコンセンサス）や原価企画（目標管理）などが機能しないために、コストも投資管理も部品数も、結果が伴いません。逆に、これらがしっかりと機能すれば、新部品の垂れ流しは抑止できるはずです。

⑥ 「誤った最適設計」をしていないか

「誤った最適設計」は、本書の中に再三登場する、重要なキーワードです。本章1.2.2で簡単に出てきましたが、もう少し詳しく説明しましょう。

第
1
章

　設計者は、少しでも安く、少しでもお客様が喜ぶよいものをと工夫します。すると多くのケースで、新たに治具・金型費が追加になります。それを見越して、例え予算を組んでいたとしても、新部品に関わる固定費を含めた原価はいくらになるのか、新部品の効果はそれだけの原価に見合ったものなのか、お客様の目に留まり満足度を高められるのか、といったことを必ず確認しなければなりません。

　設計者としてよかれと思う自信作も、採算上思わしくない結果やお客様から評価されない結果を招いたら、それは「誤った最適設計」と言わざるを得ないのです。

⑦　部品増加に関連した収益／原価計算を怠っていないか

　変動費管理の管理会計。その変動費について、労務費のチャージを固定し、材料費と加工時間だけを対象としているケースが多々あります。実は、この原価管理のいびつさが、真の原価を隠し込んでいるのです。

　恐らく、原価計算にあらかじめ部品数増加に関連する要素をきちんと組み込んでいたら、コスト上ブレーキがかかり、今日のような部品の拡散（Proliferation）を招くことはなかったでしょう。このことは、上述の「誤った最適設計」と、第2章2.7.5で解説するトヨタ自動車の工場総費用システムを併せてお読みいただくと、より理解が深まります。

⑧　類似部品の検索が困難になっていないか

　欲しい部品があるけど、そういえば以前、似たような部品を見かけたことがある──。ここまでは記憶を頼りに思い出せますが、具体的な設

計作業においては、BOM にその部品番号を記入しなければなりません。その際、部品番号に意味を持たせた「意味あり品番」（本章 1.4.6 の①参照）を付けておくと検索は容易ですが、そうでないと、なかなか類似部品にたどり着くことができず、新たな部品が発生してしまいます。

　それでも、どうにかこうにか類似品を発見したとしましょう。しかし寸法が微妙に合わないからといって、CAD でちょこちょこっと寸法合わせ（設計変更）をしますと、また新たな部品が生まれてしまいますので、流用部品の設計変更はくれぐれも慎重に。

⑨　補修用部品の互換性確保がおろそかになっていないか

　補修用部品としては一般に、互換性のある量産用部品をそのまま扱うのが望ましく、新モデル設計時に旧モデルとの互換性を確保しておくことが重要になります。

　実際には、補修用部品のパーツリストに部品番号を入れて検索すれば、交換したい部品と互換性のある量産用部品を入手できるといった仕組みが理想です。しかし、新モデルに集中していると、互換性までなかなか目が行き届かないのが実情。結果、補修用部品と量産部品の互換性が確保されず微妙に異なってしまい、部品番号が違う別部品として部品数が増えてしまうのです。

　外から見える部品については、わずかに異なるだけで外観性（商品性）を落とすことがありますので、新しい部品が発生するのはやむを得ないところがあります。しかし外から見えない部品に関しては、同じ機能を果たす部品と互換性を持たせるようにするのが、部品数抑制のポイ

第1章

ントとなります。

　分かりやすい例として、自動車後部のブレーキランプ、ウインカーランプ、テールランプなどを一体化したリヤコンビネーションランプに接続するワイヤーハーネスで説明しましょう。

　新モデル「B」のリヤコンビネーションランプで、横からも見えるように小さなランプを追加したのに伴い、「B」のワイヤーハーネスには新たに枝分かれした配線が必要になりました。この新しいワイヤーハーネスは、旧モデル「A」にも使えます。なぜなら、「B」で追加になった配線を使わなければよいだけのことだからです。つまり、「B」は「A」に対して互換性があることになります。

　実は、このことは設計者が設計したときにしか分からない情報といえます。従って、設計者が設計した時点でこうした互換性情報をきちんと記録し、「A」を検索したら「B」がヒットするようなシステムにしておけば、「A」は不要な部品となって部品の増加数は「0」で留まることができるのです。

⑩　不要部品を抹消せずに生かしていないか

　筆者の会社だけかと思っていたところ、コンサルタントとして指導に当たった多くの会社が「部品抹消制度（廃番制度）」を持っていませんでした。いや、「持っていなかった」というよりも、「そもそも関心がなかった」という方が正しいかもしれません。

　結果、どうなるか──。気づいたときには、倉庫の中にも、そしてコンピューターの中にも、不要部品や不要ツーリング（治具・金型）の山

が築かれていました。

1.4.2 機能的競争力向上が部品を増やす

　設計者の生業は、新しい部品を創ること。そして、その目的は、よく売れて儲かる商品を市場に出すことにあります。実際に、設計者が設計する機会としては、

- ▶ フルモデルチェンジを含む新商品開発時
- ▶ マイナーチェンジ時
- ▶ 不具合レポートや不評を買った報告が届いた時
- ▶ 明らかに不採算で収益改善の目標が出された時
- ▶ 毎日の作業で気づいた問題点に対応する設計変更時

などです。

　それぞれの機会において、設計者は少しでもよいものを出力しようと、自分の担当する部品の全てに、まさに自分の全てをかけて設計し、従来の部品を凌駕しようとします。例えば、使用機能（使いやすさ、新しい機能）や貴重機能（美しさ、流行色、最新デザイン）を高めたり、さらに気の利く設計者は作り方にも着目し生産性を向上させたりします。こうして新しい部品が出来るのです。

　ここで重要なのは、「この出図（部品増加）はよい仕事だっただろうか」という評価は当然のことながら、客観的評価を受けなければなりません。

- ▶ 従来品とどれだけの差があるのか
- ▶ 競合品とどれだけの差があるのか

- ▶ お客様は新たに生まれた部分に価値を認めてくれるのか

- ▶ 生産部門は喜んでくれるのか

- ▶ 固定費を含めた、真の原価改善につながるのか

設計者は、この5点について明確に答えられなければ、その出図は単なる自己満足にすぎません。要は、客観的に見て「高く売れる」「シェアが伸びる」「悪い評価が消える」など「お金が取れる改善」に集中することこそが、「メリハリ設変」の必須条件となるのです。これは、設計者はもとより、その設計図を承認するマネージャーの仕事でもあります。常に、この視点で設計者に対峙していれば、オン・ザ・ジョブ・トレーニング（On the Job Training、OJT）を通して設計者は育つのです。

1.4.3　コスト競争力向上が部品を増やす

　このままでは採算上、コストが思わしくない…。そんな理由から部品を見直してみると、「設計当時は慌ただしさの余り、しっかり検討しなかった」「どうしてこんな設計をしているんだ」「改善余地が山ほどある」などといった理由から、原価低減に臨むケースは多々あると思います。

　しかし、既にいく度となく指摘してきたように、原価低減を目的に新たな部品を設計しても、変動費が多少下がるものの、原価が期待したほど下がらないということはよくあります。かえって部品数を増やしてしまい、実質コストアップになることもあります。原価低減設変の出図が真の原価低減になるためには、

- ▶ 新部品が従来の部品に取って代わる（互換性があって部品が増え

　ない）こと

　▶ 治具・金型が修正で使えること

が必須。これを満たせば、ほぼ原価低減の効果につながることでしょう。

　原価低減設変により部品が増加する場合、変動費のささやかな改善があったとしても原価低減の対象から外すべきです。逆に、一定額以上の原価低減効果がなければ、コストアップと判断した方が良いでしょう。この辺りのことは、1部品当たりの固定費をとことん試算すれば必ず見えてきます。

1.4.4　新たなレイアウト変更が部品を増やす

　レイアウトの都合上、新たにつなぎ部品が必要となるケースがあります。もちろん、工夫次第でつなぎ部品を使わずに済むかもしれませんが、まあこれは、やむを得ない部品増加といえます。このように、主たる目的を実現するために周囲が引きずられて設計変更することを「釣られ設変」あるいは「ズルズル設変」といいます。

　実は、この種の部品増加は、お客様からお金をいただけないケースが多いのです。レイアウト変更で新たな付加価値（競争力）が生まれるなら、部品増加はその付加価値を生み出すための新たな投資として評価されなければなりません。本当に変更が必要なのか、変更するとしたら、全体を眺めつつどこをどうしたら最も部品を増やさずに済むのかを検討することが重要です。

　結果、どうしても新たに図面（部品）を起こさざるを得ない場合には、新部品で変更内容を徹底的に吸収し、従来部品はできるだけ修正せ

ずに済むようにしましょう。こうした設計感覚を養うことにより、釣られ設変やズルズル設変を極力減らすことができます。特に重要なのは、設計構想書を作成したり DR（Design Review、デザインレビュー）を実施したりする段階（設計企画段階）で、最も効率的に変更するならどうすべきかを、総合的見地に立って部品単位の変更内容を確認・判断・共有していくことです。

1.4.5　新製品やモデルチェンジが部品を増やす

　かつて、新製品を売り出す場合にだいたいどれくらい部品が増えるのかを調べてみたことがあります。まず、新製品を 3 つに分類しました。第一は、「全くの新製品」。例えば、家電メーカーが従来の掃除機とは全く異なる、ロボット掃除機を創るようなケースです。第二は、「既存商品のフルモデルチェンジ」。普通車を生産してきた自動車メーカーが初めて軽四輪を創るようなケースに相当します。そして第三が、「既存商品のマイナーチェンジ」。本章 1.3.2 で取り上げた、中の様子をよく見えるようにしたトースターのようなケースです。

　このときの調査の結果が、**図表 1-7** です。部品の増加は、全くの新製品で 60～80 %、既存商品のフルモデルチェンジで 20～40 %、既存商品のマイナーチェンジで 5～20 % でした。

　全くの新製品だからといって、新しい部品が 100 % になるわけではありません。社内にある従来部品を十分活用することができます。例えば家電製品なら、製品内に組み込まれる制御系の部品やスイッチ、電源コードなどは流用できます。電気自動車（EV）ならば、エンジンやラジ

全くの新製品	新部品 60〜80%	既存部品 流用

既存商品のフルモデルチェンジ	新部品 20〜40%	キャリーオーバー

既存商品のマイナーチェンジ	新部品 5〜20%	キャリーオーバー

図表 1-7 ●新製品における新部品の比率
全くの新製品だと、60〜80 %に及びます。

エーター、燃料タンクなどの内燃機関の関連部品の代わりに EV の関連部品が配置されますが、新しい部品はその EV 専用部品だけで、ボディーや足回り、シート、スイッチ、ハンドルなどについては相当量が流用可能です。

逆にいえば、いかに少ない新部品で新製品やモデルチェンジをやりとげるか――。ここが、技術者の腕の見せどころ、技術者冥利に尽きるところといえます。

◀ コラム **現場の裏話［5］** ▶

ある日、ピックアップトラックが突然四駆になっていた

その昔、いすゞ自動車に「ファスター」というピックアップトラックがありました（**図表 1-b**）。もともと大型契約を結んでいた米ゼネラルモーターズ（General Motors、GM）向けに、積載量 1 トンのピックアップトラックを毎月 1 万台近く輸出していたのです。

あるとき、S さんという、何でも発明してしまう創造たくましい技術者が、上述のピックアップトラックに細工をしました。具体的には、トランスミッションに少し細工をして、FF（フロントエンジン・フロント

ドライブ）構造を取り付けたのです。もともとは FR（フロントエンジン・リヤドライブ）構造ですから、何と四輪駆動（四駆）車の誕生でした。しかも、外から見ただけでは誰も気づかない、見事な細工ぶりだったのです。

これが先駆者（車）となって、トヨタ自動車の「ハイラックス」や日産自動車の「ダットサントラック」、マツダの「プロシード」などが四駆化。さらに、いすゞ自動車の「ビッグホーン」、三菱自動車の「パジェロ」、トヨタ自動車の「ランドクルーザー」などが続き、RV（Recreational Vehicle、レクリエーショナル・ビークル、）全盛時代へとつながっていくのです。

恐らく、「四駆のピックアップトラック」を全くのゼロからスタートして企画したら、こんなに簡単には誕生しなかったでしょう。しかも、考案者のSさん曰く、「新規部品は30〜40点も創らなかったよ」──。

図表 1-b ● いすゞ自動車のピックアップトラック「ファスター」
FR 構造に FF 構造を取り付けて四駆化。
（出所：筆者）

1.4.6 企業のインフラや文化が部品を増やす

　続いては、企業のインフラや文化が部品増に結び付くケースを見ていきます。大きくは、次の①〜⑤に整理できます。

①　部品の品番をランダムに付けていないか

　設計者の多くは、設計構想書に基づき、まずは、自分の担当する分野において新たに設計すべき部品の類似品を探し出したいと考えます。ここで、1つ質問です。読者の皆さんの会社では、「類似品検索」は容易にできるでしょうか。実は、筆者のコンサルタント経験では、そもそも「部品群」で管理をしている会社が極めて少ないように感じています。

　「意味あり品番」をご存じでしょうか。本章 1.4.1 の⑧で簡単に触れましたが、改めて説明します。

　意味ある品番とは文字通り、品番に意味を持たせる形で番号を振る方法です。例えば、エンジンは「11」とし、エンジンに使う部品については「11」に続いて、シリンダーヘッドが「01」、シリンダーブロックが「02」、…、オイルキャップが「21」、オイルレベルゲージが「22」などと順番に決めていきます（図表 1-8）。意味あり品番では、これらを組み合わせて頭 4 桁の番号とします。つまり、「1101」ならエンジンのシリンダーヘッド、「1122」ならエンジンのオイルレベルゲージとなります。

　そして、例えば新しいエンジンに搭載するオイルレベルゲージの設計を担当することが決まったら、部品検索で「1122」を引っ張り出すと、

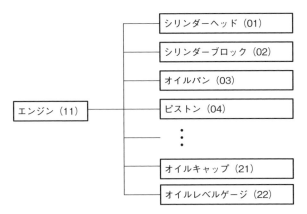

図表 1-8 ● 意味あり品番の例
例えば、4桁の数字の前2つは装置、後ろ2つはその構成部品とします。

過去のオールレベルゲージが全てリストアップされるので、欲しいものを容易に探すことができます。これにより、部品増加が防げるのです。さらにDX時代になれば、部品単位のディメンションや属性データを付けるなど検索は瞬時に行えるようになるでしょう。

　意味あり品番を施していない、すなわち部品番号に意味を持たせていない会社では、類似品や部品群の検索は容易ではありません。せめて名称が統一されていればよいのですが、同じ部品でも「ラジエーター・キャップ」「キャップ・ラジエーター」などと複数の名称で運用されていると、一筋縄ではいきません。

②　意味なし品番だからと検索をあきらめていないか

　うちは既に、ランダムな番号、ランダムな呼称の「意味なし品番」で今日まで来てしまったからなぁ——。こんなあきらめムードの会社も、決して少なくないと思います。しかし、あきらめるのはまだ早い。実

は、最近では、意味なし品番でも検索が十分にできる仕組みを導入している会社があるのです。

そのポイントは、品番に関するさまざまな属性をバックデータとして登録していくこと。用途別の装置区分（エンジン、シャシーなど）はもちろん、設計時期、設計者、発注先から、主要機能、主要寸法・プロポーション、使用材料、設計変更履歴、不具合履歴まで、ありとあらゆる属性を登録していくのです。こうしたシステムがあると、属性から部品を探せるので、類似寸法順にリストアップした部品の中から最も近い寸法の部品を見つけ「選択設計」が可能になるのです。

いずれにせよ、重要なのは、部品をいかにうまく検索し、類似品を探し出すかという点。これができれば、部品増加を防止することができます。

ちなみに、2021年4月から5月にかけて日本経済新聞に、「安川電機の変身」という記事が連載されました。その中で、「同じ製品の同じ部品でも、事業所によって異なる識別コードが付けられていた。リアルタイムに在庫を確認できず、同じ部品なのに調達価格が2倍も違うことを見逃したり、中国で欠品が生じても日本からすぐに輸送できなかったりした」（2021年4月28日付日本経済新聞）と、意味なし品番の問題点を指摘。DXを推進するに当たって、「まずこれを統一する」と、識別コードをグローバルで統一することから始めた、とありました。

このように、意味なし品番は、部品増加だけではなく、さまざまな弊害をもたらすことを頭に入れておいてください。

③　CADが「Copy Aided Design」になっていないか

　設計の現場に、もはやCADは不可欠。そして、その多くが設計を助ける機能を充実させる方向に進化を続けています。しかし、設計者の「こういう機能・部品が欲しい」「類似部品の番号が知りたい」といったニーズに応えてくれるCADは、少なくとも筆者の記憶にはありません。

　例えば、自動車の設計において、新しい年式のダッシュボードにエアコンの空気の吐き出し口（ルーバー）を組み込むとします。すると、ここで部品を検索します。名称から部品番号を検索することはある程度できますが、今考えているものに最も近い部品や最近の高機能の部品、あるいはコストの安い部品などを選ぶのは、容易ではありません。なぜか──。

　大抵の設計者は恐らく、最近の年式の車のBOMからルーバーを探し出し、その部品番号から類似品を検索して、その材質や形状をベースに自分の求めるルーバーに合わせていくと思います。ここで、もし設計者が最先端の多機能なルーバー、例えばシャットダウン（閉じる）機能を持つようなルーバーを知らなければ、従来のルーバーをベースに設計が進みます。結果、最先端のルーバーは日の目を見ず、旧式のルーバーのコピーが生まれてしまうのです（このケースでは、ダッシュボードが共通ではないため、ルーバーの寸法は従来品と必ず違ってきます）。

　一方、新しい図面が出図されると、バイヤーは発注先探しに動きます。そのときに、たまたま類似品が従来の発注先に行けば、そこからECR（Engineering Change Request、技術的変更依頼）が提案されて部品増加が阻止される可能性は高まりますが、別の発注先に行ったら万

事休す。「同一品の品番違い」が誕生してしまう恐れが大いにあります。事実、筆者はいく度となく、こうした場面を目の当たりにしてきました。

　これは、設計者が悪いのではありません。部品増加に対して鋭い目を光らせている管理者がいないか、システムの担当者が設計の現場を知らないか。いずれにせよ、ここでムダな投資が生まれてしまいます。

　こうしたことから、筆者はたびたび CAD を「Copy Aided Design」と皮肉ったりしますが、同じ C でも「Copy」の C ではなく「Create」の C であってほしいと、切に願っています。

④　検索よりも新図面の方が速いと考えていないか

　ここまで解説してきたように、インフラの整備が遅れていたり、古い CAD を使っていたりすると、過去の部品検索は結構面倒です。何とか流用できる部品はないかと検索しても、現在生産している部品は容易に分かるものの、生産していない部品については困難です。そこで、検索結果を待っていられないからと、新部品が創られてしまうことが間々ありますが、特に勝負しない部品で新部品を創るのは、ひんしゅくと言わざるを得ません。

　設計者の多くは、ゼロからの設計は各種試験を実施するなど大変だからと、記憶の中にある最も類似性の高い部品を参考モデルとして引っ張り出し、ちょこちょこと寸法合わせの変更を入れて出図します。この作業は、設計者にとっては簡単ですが、後工程はかなり大変になります。設計者は、変更を最小限にとどめたつもりでも、新作は新作。新しい部品番号が割り当てられると、ものづくりのプロセスはフル工程で発生す

るのです。設計者は、この点をきちんと頭に入れておかなければなりません。

⑤　設計者はものづくり工程をおろそかにしていないか

さらに、設計者は図面を発行すると、ひと段落となりますが、自分の描いた図面の部品がどのように造られるのかを知ることは極めて重要です。どんな工程で、どんな治具・金型を使って、どんな品質保証の下で…。こうしたものづくりの工程を知っている設計者は、設計段階で生産の合理化を考えたり、ムダ・ムラ・ムリを排除したりと、ものづくりの効率化に貢献します。

原価企画を実施している企業では、部品を目標コストに収める責任は設計者にあると考えています。すると、設計者は自分で工程に沿ってコスト分析をし、「この工程には余分な人員が配置されている」「この工程に自動跳ね出し装置を導入すれば、1人分の人工が減る」などと、ものづくりの工程を俯瞰しながらコスト面で高い意識を持つようになります。これは、筆者がものづくりを視点にしたDRを実施したときの体験談にほかなりません。目標管理は、設計者を一回りも二回りも大きくしてくれるのです。

1.4.7　「お客様は神様」が部品を増やす

お客様が欲しいものを提供する——。これは、ものの製造・販売を生業とする人たちにとっては、基本的な姿勢です。しかし、大量生産品でも受注生産品でも、声の大きいお客様に振り回されてはいけませんし、

お客様の要望だからと設計者の好みを盾にしてもいけません。

　設計者は、ビジネス全体を見回しながら、思い付きではなく商品企画として承認された内容に沿って設計します。そのために、商品企画や設計構想は徹底的に充実させた上で、共有しておかなければなりません。そして少なくとも、設計したものは販売上最低限の採算レベルを維持し、予定通りの収益に貢献するものでなければなりませんし、多くのお客様には自分が創った商品と競合品との差異化を訴え、こちらに目を向けてもらえなければなりません。

　筆者が勤務していた自動車メーカーでは商用車を主力商品としていたことから、多くのお客様の意見を重用しながら車づくりをする文化が根づいていました。そのため、例えば10トンクラスの大型商用車では、月間生産台数が多くて1000台程度だったのに対し、種類数は実に4000種に及んでいたのです。これは、販売価格が大きい1台の受注を逃さないために、お客様の声をあれもこれもと取り入れてきた結果といえます。

　「顧客満足度」という言葉は、自動車や電子・電機製品など一般耐久消費財の優れた商品を測る1つの指標として多用されています。特定の顧客ではなく、多くの顧客の支持が数字を大きくします。顧客満足度を上げる工夫はしなければいけませんが、そのために顧客の声をやみくもに聞いていては足をすくわれてしまいます。

　例えば、お客様が荷台に上るステップが欲しいと、その方法論まで提案してきたとします。実際、このようなケースはたびたびありますが、ここで全てを聞いてはなりません。なぜなら、お客様の用途が一般的なものか、あるいは特殊なものかで重要度が変わりますし、お客様自身は

造り方や材料などはもちろん、他にどのような部品があるのかも知らないからです。我々はものづくりのプロにほかなりません。お客様の思い付きに対し、我々はきちんと機能を創り上げてお客様の満足度を高めればよいのです。

　ステップなら、過去のステップの中から選ぶか、他のステップをまとめて新しいステップに集約し多くの機種に流用できるようにします。こうすれば、最低のコスト、最少の部品数で、お客様には「こんな格好のよいステップが付きました」と胸を張って提供でき、顧客満足度も高められるのです。

　こうしたマネジメントをしっかりやらないと、「神様仕様」で部品はひたすら増加し、筆者が所属していた会社のように、「あわや倒産」の憂き目に遭ってしまいます。

◀ コラム 現場の裏話［6］▶

売れているから人気があるのか

　日本に自動車が入ってきたとき、トラックのスタイルは運転席の前にエンジンを載せるボンネットタイプでしたが、その後、全てがキャブオーバータイプに変わりました。そんなボンネットタイプの最後の頃の話です。

　ボンネットタイプは、海外ではタイでよく売れ、国内では山形県と大分県だけで売れていました。これは、両県で盛んだった林業の木材切り出し用ウインチを車の前面に取り付けるのに、ボンネットタイプがちょうどよかったからです。といっても、共に販売台数としては大きな数字ではありませんでした。

　そこで筆者が、「もうボンネットタイプをやめて、全てキャブオー

バータイプにしよう」と提案したところ、国内営業からは、「ボンネットタイプがあるから、山形、大分両県で売れているんだ」と猛反対を受けました。「それならなぜ、他の県ではキャブオーバータイプが売れているのか」と筆者が聞くと、営業は答えられません。「最近は、荷台も長く、市場のトラックとの共通性も高い分サービスもやりやすいキャブオーバーの方が、明らかに人気がある。ボンネットタイプの利点を説明してほしい」と筆者が続けざまに聞きましたが、やはり納得する回答は得られませんでした。

　売れているから人気があるという説は必ずしも当たりません。実は、当時、タイでは競合他社は皆キャブオーバータイプを供給していました。いすゞ自動車は、タイではシェアトップながら、ボンネットタイプを売り続け、そこに華やかな装飾を施すのがオーナーの自慢の種になっていました。

　こうした中、営業の反対を押し切り、ボンネットタイプは全てキャブオーバータイプに統一されました。すると、お客様からは、「全長が短くなって小回りが利く」などと喜ばれ、とても売れたそうです。要は、国内営業は、「現状売れているから」と新規提案を恐れ、お勧めしていなかっただけのことだったのです。

　毎月30〜40台そこそこだったボンネットタイプの生産ラインは不要になり、そこには新たな機種の組み立てラインが入りました。工場の付加価値も、大きく変わったのです。

1.4.8　リモートワークが部品を増やす

　ここまで、さまざまな観点から部品増加の要因やそれを防ぐ必要性について触れてきました。次の第2章では、部品の増加防止や少数部品での最適設計などについて述べていきますが、筆者の経験からすると、理論的な問題よりも技術者や管理者のコミュニケーションの問題の方が大

きいのではないかとみています。

　そこで、とりわけ懸念されるのが、現在のコロナ禍です。感染が広がり始めた2020年春頃から、多くの技術者が在宅勤務とかリモートワークとかになり、現場から遠ざかってしまいました。筆者は「現場・現物・現実」の三現主義者ですから、データや図面だけではどうしてもピンとこない。ものがないと心細く感じますし、実際に現場の中を歩いて見てみないと、改善策1つ浮かんできません。

　恐らく、同じような技術者は多くおられると思います。技術者が1人腕を組んで思考にふけっても、なかなかいいアイデアは思い付きませんし、問題にも気づきません。人間の思考というのは、大脳の側頭葉を刺激して初めて自分の記憶の中から知恵が出てきます。ただし、それは、その人の記憶の中にあるものしか出てきません。

　会社にいれば、同僚たちといろいろな会話ができますし、何より現場がすぐ近くにあります。競合他社の製品を分解し部品などを並べた「テアダウンルーム（Tear Down Room）」のある会社では、そこから多くのインスピレーションを受けることができます。これに対して在宅やリモートでは、自分の側頭葉（記憶量）しか頼りになりません。もちろん、企業側は機密保持をきちんと確保しながら、在宅やリモートでもさまざまな情報やデータにアクセスできるように工夫しているようですが、それでも当分の間は三現主義に勝てないと思います。

　第4章では「DX時代の部品数マネジメント」に触れますが、これは、多くの有力なデータが容易に検索可能となり、自分の側頭葉に頼らずとも思考が回る環境が整備された時代について述べています。それまで

は、コミュニケーションをいかに多く取るか、OJT をいかに多く受ける
か、各自の業務の定期的な情報交換（DR）をいかに進めるかが重要に
なってきます。

　さらに、在宅で商品企画書や設計構想書を創ったり、CAD 作業を実
施するようになったりしてくると、相当のインフラ対策が要ります。そ
の際には必ず、インフラの中に本書で述べている「部品数マネジメン
ト」の考え方を取り入れることと、新企画を担当する OJT チームメン
バーには「いくつの部品で」「いくらの投資額で」といった目標管理の
考え方を浸透させることを実践してください。そうしないと、追加部品
だらけのブクブクの会社になってしまいます。

◀ コラム **現場の裏話 [7]** ▶

図面に残された赤字のいたずら書き

　筆者が自動車メーカーに入社した頃は、設計は CAD ではなく、まだ
ドラフターを使う時代でした。もはや、ドラフターをご存じない読者も
多いと思いますが、大きな製図版にトレーシングペーパーの図面を四隅
テープで貼り、巧みに動かせる製図機（さらにその昔は、T 定規と三角
定規）を駆使して設計したものです。筆者の最初の配属先は生産技術部
隊で、自動車のボディーの組み立てを効率化するための生産技術業務を
担当していました。

　あるとき、残業を終え、描きかけの図面を製図版に貼ったまま帰宅す
ると、翌朝、その図面には赤色のボールペンや鉛筆でいたずら書きがさ
れていました。しかしよく見ると、それはいたずらではなく、何と注意
事項。「このままだと、○○と干渉する」「これでは、強度不足」などと、
上司や周囲の先輩が「気づき」を記入してくれていたのです。

　ただ、ありがたい事なのですが、赤文字を消すのがあまりに大変だっ

たことから、筆者が、「朝来たら私を呼んでいただき、直接ご指摘いただけませんか」とお願いしたところ、「帰り際だから気づくんだよ。改めて考えると、なかなか出てこないもんさ」と言われました。なるほど、ご指摘の通り。その後も、こうしたホットな現場ならではのコミュニケーション、OJT を体現したコミュニケーションは続き、筆者の思考も鍛えられていったのです。

　ただ、CAD が導入されるようになると、赤字を書き込んだ上司たちはコンピューターのスイッチの入れ方さえ知らずに、「図面いたずら書き」の懐かしいコミュニケーション文化は途絶えてしまいました。筆者の感覚では、この辺りから日本の技術がサチレートしていったような気がしています。果たして DX の時代、どのようにデータ整備をするか、そこが問われています。

1.5　部品数増加の問題点系統図

　なぜ、部品が増えてしまうのか——。第 1 章では、その要因をさまざまな角度から説明してきました。それを整理したのが、「部品数増加の問題点系統図」です（図表 1-9）。これを見ていただくと、「思い当たる節が…」と感じる読者も多いのではないでしょうか。「増やした部品」が販売促進や収益改善に寄与したか否かを考えながらご覧ください。

　当然のことながら、製品や部品において一定のバリエーションは必要です。しかし、バリエーションをやみくもに増やすのではなく、重点志向戦略に沿って増やしていくことが重要で、販売担当者も知らないほどのバリエーションは過剰と言わざるを得ません。販売担当者も、ユーザーの言いなりになるのではなく、上手にお勧め販売をしていくように

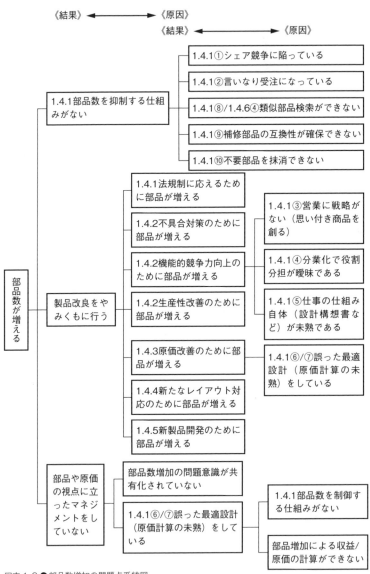

図表1-9 ●部品数増加の問題点系統図
この図から部品増加の原因を考えてみてください。
（出所：大西正規氏）

しましょう。

　要は、こうした工夫や努力をすれば、売り上げを落とさず、しかもム
ダな商品バリエーションを追加しなくて済むようになります。

第2章

部品数マネジメントは立派な経営課題

部品数マネジメントは立派な経営課題

　本章のタイトル通り、部品数マネジメントは立派な経営課題です。ところが、そこに気づいていない経営者の何と多いことか——。本章では、部品数マネジメントを経営課題に取り上げない問題点はどこにあるのかを明らかにした上で、部品数を経営管理項目とするポイントや部品増加を防ぐポイントを解説します。営業戦略的に、商品数、すなわち商品バリエーションは多いほどよいと思っている経営者や営業・販売関係者は多いと思いますが、部品数増加になるだけで、販売力強化には必ずしも結びつきません。

2.1　経営者の視界にない部品数マネジメント

2.1.1　なぜ、部品数は経営課題にならないのか

　「部品数が多い」と言う経営者はいます。「部品を減らせ」と言う経営者もいます。しかし、本気でアクションを起こす経営者は極めて少ないのが現実です。

　部品数は少ないに越したことはありません。それ故、上述のような発言をする経営者がいるのですが、実のところ、多くは部品数がどのように経営に影響しているのか、その本質を理解していません。これは、筆者がサラリーマン時代、そしてコンサルタント時代を通して多くの経営者と出会ってきての実感です。

　一昔前には、しばしばトヨタ自動車の「トヨタ生産方式（Toyota Production System、TPS）」や「ジャスト・イン・タイム（Just In

Time、JIT）」などを導入することによる、ものづくりの合理化やスリム化が提唱され、多くの経営者が年頭のあいさつや株主総会の方針説明などで部品数削減や取引先縮減などについて言及しました。

しかし、インダストリー4.0の時代を迎え、さらに最近では5Gの時代に突入し、各社はDX（デジタルトランスフォーメーション）、すなわちデジタル技術に基づいた合理化やスリム化を叫び始めました。新型コロナウイルスの影響で、働き方も在宅勤務だったりリモートワークだったりと大きく様変わりし、経営者のあいさつや方針説明には必ずITを駆使する話題が上るようになりました。コロナ禍の時代、ウィズコロナやアフターコロナを語らないと現実から回避していると思われてしまうからか、経営者は難しい横文字をたくさん並べる一方で、「足元の基本」には目をくれなくなってしまいました。

このまま、部品数マネジメントをおろそかにしていてよいのでしょうか。無論、よいわけがありません。筆者は、倒産寸前だった企業をV字回復に導いた部品数削減活動は、企業経営の一丁目一番地だと確信しています。方針のあるなしは別にして、まずはムダなコストの発生を抑える体質にしてから、次の飛躍に結び付く各種改善・改革に進むべきと考えています。

企業の経営者が、さまざまな経営施策の中に部品数削減をきちんと織り込んでいるかどうかが問題です。むしろ、忘れられているのではないかと、そんな気がしています。そこで原点に戻って、この問題を経営目線で整理していきましょう。

2.1.2 部品数増加を止められない経営上の問題点

　部品数の問題は、（筆者がいた）「あの会社」固有の問題だ──。そんなふうに思われる読者もいることでしょう。当時を振り返ると、確かに「あの会社」に問題はありました。しかし、その後のさまざまな企業でのコンサルティング活動を思い返してみても、「あの会社」以上に問題が山積している会社はたくさんありました。

　中にはもちろん、部品数やバリエーションが大きな問題にならない職種の企業もあります。しかし、多かれ少なかれ、部品数が経営スピードを左右し、納期や経費に大きく関与することは紛れもない事実で、無視することのできない経営課題です。実際、経営危機に直面した企業のコンサルティングの中で、部品数問題に焦点を当ててみると、例外なく全ての企業に当てはまることが分かりました。そうした企業では一体、何が問題なのでしょうか。部品数問題点系統図を用いて整理してみました（図表2-1）。

① 部品数増加の問題に関心を持つ経営者がいない

② 部品数が及ぼす経済的影響が把握されていない

③ 新規部品数の年間目標、機種別目標がない

④ 部品数削減の推進部隊がいない

⑤ 部品数増加の問題意識が共有されていない

⑥ 類似部品検索の仕組みがない

⑦ 部品数を少なくする技術がない

　以上、大きく7点を挙げてみました。まだまだ他にも原因はあると思

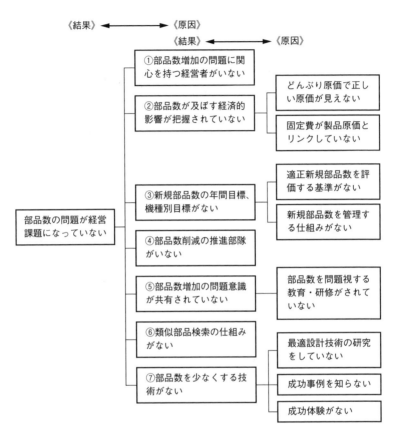

《結果》 ←——————→ 《原因》

《結果》 ←——————→ 《原因》

部品数の問題が経営課題になっていない

①部品数増加の問題に関心を持つ経営者がいない

②部品数が及ぼす経済的影響が把握されていない
- どんぶり原価で正しい原価が見えない
- 固定費が製品原価とリンクしていない

③新規部品数の年間目標、機種別目標がない
- 適正新規部品数を評価する基準がない
- 新規部品数を管理する仕組みがない

④部品数削減の推進部隊がいない

⑤部品数増加の問題意識が共有されていない
- 部品数を問題視する教育・研修がされていない

⑥類似部品検索の仕組みがない

⑦部品数を少なくする技術がない
- 最適設計技術の研究をしていない
- 成功事例を知らない
- 成功体験がない

図表 2-1 ●部品数問題点系統図
この図を参考に、部品数問題が経営課題になっていない原因を考えてみましょう。
（出所：大西正規氏）

いますが、思い当たる節のある方は少なからずいることでしょう。

2.2　部品発生で生じるリスクと原価

2.2.1　部品発生で生じる３つのリスク

　さて、ここからは部品数の増加がどれほどのリスクを抱えているのか
を見ていきます。具体的には、部品が生まれてから不要になるまでの過
程を「産み」「維持」「生産打ち切り」の３つに区分し、それぞれでどの
ようなリスク、どれほどの原価が発生するのかを説明していきます。部
品をたった１つ創るだけで、大きなリスクが付いて回ることが分かって
もらえると思います。なお、ここでいうリスクとは、部品を創ることに
より発生する費用や時間を指しています。

① 「産み」のリスク

　多くの設計者は、自動車メーカーにしろ家電メーカーにしろ建設機械
メーカーにしろ、自分の理想とするもの（製品）を、自分の力（設計力）
で形にしようと夢を抱き、それぞれの企業に入社したと思います。コン
パクトな家電製品のような場合は、全ての部位の設計を１人の設計者に
任されることもあると思いますが、自動車をはじめ大きな製品の場合に
は、全体の中のある一部分の設計を担当することが多くなります。ある
設計者は自動車のシートの設計を、ある設計者はエンジンに必要なオイ
ル系の設計を担当するといった具合です。

　洗濯機や冷蔵庫などの家電製品では、数人でチームを組んだり、自動
車や建設機械など部品種類数の多い製品では、１機種に関わる設計（技

術）部隊が7つにも8つにもまたがったりします。筆者が育った自動車産業はもちろん、独立後にコンサルタントとしてお手伝いした半導体関連、カメラ、電機、工作機械などの各産業でも同じようなものでした。

　新商品としての商品戦略をはじめ、企画から設計、生産までの全体のバランスをみながらプロジェクトマネージャー（Project Manager、PM）が設計構想書を創り込み、一連の作業が進むことになります。すると、そこには通常、与えられた予算（コストや投資）との対比や性能・品質の適合性確認など、多くの人と時間がかかってきます。ここでのリスクは、多くの設計リソースが必要になるということ。もちろん、たくさんのお客様に新商品の価値を認めてもらい、お金を払ってもらえれば、このリスクは回避できますが、そうでない場合には、大きなコストを回収できないことになります。

　さらに、一般の耐久消費財の大半は商品化に向けて、試作をしたり、品質確認のための試験をしたり、品質保証体制を整備したりします。ものづくりの部隊は、治工具や金型などを準備すると共に、生産ラインに屋台や作業台なども含め生産場所の確保や整備を行います。すなわち、治具・金型の製作、生産場所の確保、品質保証（製品テスト）に関連するリスクが発生します。さらに各部署は部品誕生のゴールに向かってひた走ることになりますが、その道は平坦ではなく、そのために費やす時間と費用、販売準備など多くのリスクを背負いながら、生みの苦しみを味わうのです。

②　「維持」のリスク

　こうして新しい部品が誕生すると、今度は、発注、取り入れ、在庫、出庫、搬送など、それを維持するために多くの仕事が発生し費用がかかってきます。必要な時に、必要な分だけ、出庫できなければ、生産現場は止まります。それ故、管理（取り入れ、出庫）の義務に伴うリスクが発生します。

　それでも、連日生産に追われるほどの部品には張り合いがありますが、忘れたころにやってくる部品の生産指示にはモチベーションがなかなか上がりません。しかし生産量がどんなに少なくとも、治具や金型を維持するための防錆処理や点検などは怠るわけにはいきませんし、当然保管も必要です。すなわち、ここでも、管理（治具、金型）の義務に伴うリスクが発生するのです。

　そんな中、採算が合わなければ「高い、高い」と指摘を受け、例え少ロットでも原価低減のための設計変更が強いられます。多くの部品は、常に要求される原価低減のリスクも抱えているのです。

　そして当然のことながら、新部品の誕生に伴い、サービス用の補修用部品に対応する義務が発生します。補修用部品庫にその部品を在庫する費用に始まり、治具や金型などを維持・管理し続ける費用まで、サービス用対応の義務に伴うリスクが発生します。

③　「生産打ち切り」のリスク

　今日まで供給してきた製品の生産が終了しても、部品の管理は続きます。家電製品の梱包用の箱などを見ると、補修期限を表示しているケー

スがあります。ものづくりの会社というのは、お客様が使用を続ける限り、一定の期間内であれば必要に応じて部品を補給する体制を構築します。すなわち、補修用部品の要求発生に備えるリスクが生じます。

　「製品の生産を打ち切った」「○○年も受注がない」──。しかし補修用部品の要求は忘れた頃にやって来ます。一体、補修用部品の保管はいつまで続くのでしょうか。そもそも、多くの企業が部品廃棄のルールを曖昧にしています。筆者が所属していた企業では、ルールは一応ありましたが、まだ市場にお客様がいることが分かると、廃棄も儘なりません。

　工場のスペースは量産品への対応で目一杯。すると、やむなく近隣の倉庫を借りて治工具や金型などを保管し、オーダーが来たら、工場へ移送してオーダー分だけ部品を生産します。すなわち、年にたった数回あるかないかのオーダーのために貸倉庫のリスクを延々と抱え続けることになるのです。これは結構、厄介なリスクといえます。

◀ コラム 現場の裏話 ［8］ ▶

取引先から感謝された、部品の廃番制度

　筆者は、勤務先で部品数激減活動を展開した後、部品の廃番制度を導入しました。実は、部品数激減活動の中で、取引先から最も感謝されたのは、この制度でした。

　なぜか──。取引先の多くは、貸倉庫に補修用の治具や金型を保管していました。廃番制度を導入する以前は、「その部品は廃番にしたから、補修用の治具や金型は捨てていいよ」と言っても、なかなか信用されませんでした。なぜなら、「捨てていいよ」と言いながら、後になって「あ

の部品ないかな」と、前言を翻すことがたびたびあったからです。

　しかし、廃番制度の導入に当たっては、取引先に対し「仮に、廃番になった部品が後で必要になったら、新たな部品として発注します。従って、廃番になった部品については部品番号を必ず抹消してください」と、繰り返し説明しました。

　これにより、疑心暗鬼だった取引先も重い腰を上げ、廃番となった部品の補修用の治具や金型を処分し貸倉庫を明け渡しました。結果、貸倉庫代が大きく浮くことになり、筆者は取引先から大いに感謝されたのです。

2.2.2　非現実的な原価計算

　続いて、部品数に関連する原価について説明しましょう。第1章でも、たびたび触れていますが、部品数と原価は切っても切れない関係にありますので、改めて言及しておきたいと思います。

　会社経営（マネジメント）は利益競争です。肝心の利益は、「利益＝総売上－総原価」の式から計算されます。このうち、総売上は一定期間にどれだけ売ったかという項目なので、比較的簡単に数値化できます。一方、総原価は複雑で奥行きが深く、どこまでの原価が含まれているのか、数値の表示の仕方にも工夫が要ります。

　さらに、総原価は割と把握しやすいのに対し、製品別や工程別といった個別原価については把握しにくいとされています。ただ、個別原価の中では、変動費が分かりやすいため、つい原価を変動費で語り、原価低減を変動費で評価してしまう傾向があります。しかし、固定費や在庫部品費などには一切目もくれない原価低減は、全く現実的ではありませ

ん。在庫部品については「資産」としてポジティブに評価されたりしますが、実のところ、その多くは不要な「死産」であることが多いのです。

　個別原価として変動費だけで評価することの愚かさは、補修用部品部門の売り上げ評価を例に考えるとよく分かります。同部門は、いつ市場から要求が来るかが分からないため、補修用の部品を山ほど保管しています。そして、いざ市場から要求が来て販売に至ると、利益は「利益＝販売価格－購入原価」の式から計算するため、利益が大きく見え「最も利益率のよい部門は補修用部品部門」などと評価されたりします。

　しかし同部門の中では、市場に出ていかない残った部品、数年前に調達したときの資金、部品が寝ている間の金利、生産現場とは違って価値を生み出さない倉庫のスペースなど、個別原価として本来評価すべき項目が山のようにあるのです。

　筆者は、変動費だけの原価低減を実行した社員が褒め称えられる場面を何度も目にしてきました。繰り返しますが、固定費や在庫部品費には一切目もくれない原価低減は、全く現実的ではありません。このことを経営者は肝に銘じてください。上述の補修用部品部門の例から明らかなように、「原価低減できた」といって、実は大損している可能性さえあるのです。読者の皆さんの会社でも、資産が「死産」に、資金が「死金」になっていませんか。

2.3　部品数は重要な経営管理項目

2.3.1　原価企画を生かせ

　部品数が経営に及ぼす影響については、第1章で説明してきました。では、実際のものづくりのプロセスにおいて、部品数マネジメントをどう実践したらよいのか、4つのポイントを解説します。

①　収益管理

　部品を新たに創る――。これは一種の投資です。従って、部品を新たに創ることにより、しかるべき収益が生まれなければなりません。しかし、部品を創る、肝心の部隊である設計部門が、その収益にどれほどの関心を持っているのか、少々疑問に感じています。

　大企業では、主要なプロジェクトについては原価企画活動を行っています。同活動では、商品の内容をはじめ、その商品が企業にもたらす技術的なメリットや販売後の売り上げ計画、目標コスト、損益分岐点（Break Even Point、BEP）、収益計画などを示しながら、発売までの目標管理を実施します。本来ならば、目標管理は「発売まで」ではなく、その商品にとって「販売管理上の重要な期間」まで行われるべきなのですが…。

　それはさておき、多くの企業は時に、各種管理値が目標に到達していなくても、さまざまな事情から見切り発車をします。しかも、発売後の売り上げや収益管理については、大半が大雑把な上、計画時点の数値と

の検証が疎かになっているように思えます。このため、部品が発生したことによるリスクが曖昧になり、次から次へと部品を創ってしまう。発売してホッとしているようではいけません。収益管理をしっかりと行うことが、部品数マネジメントの基本なのです。

②　原価企画・管理の深度

本章 2.2.1 の「産み」「維持」「生産打ち切り」のリスクで説明したように、部品が発生すれば、多額の費用がかかります。それなのに不思議と、予算管理をしていない会社が大半です。

新モデルやモデルチェンジの開発において原価企画活動を実施する会社では、「投資額」を管理対象とするケースが比較的多くみられます。その投資額は、金型・治工具費を管理対象とするケースが大半です。筆者が在籍した会社もそうでした。

しかし問題は、投資額といったときにどこまでを対象にしているか、です。実は、大半が外部への支払額を対象とし、社内で発生する費用については、先の金型・治工具費以外は管理していないことが多いのです。新モデルなどの開発に携わる人件費を管理している企業は、果たしてどの程度あるのでしょうか。

筆者が、このテーマに真っ正面から取り組んだのは、会社存続の危機のときでした。絶体絶命のピンチを前に、ようやく開発部門の人件費を商品別・モデルイヤー別に毎日報告する仕組みを導入して管理したのです。課長クラス以下の設計者はもとより、研究部門、実験部門、管理部門までを対象とし、就労 30 分単位で、何のモデル（車種・年式）のどの

装置（エンジンか、電装品か、シャシー部品かなど）に関する業務に携わったのかを、集計しやすいマークシート方式で報告させるようにしました。すると、変更のないはずの電装部品を変更していたり、企画外の業務が発生していたりと、驚くような実態がつまびらかになったのです。

　開発部門だけではありません。生産部門や品質保証部門、調達部門でも開発の進捗度に応じて多くの量産準備作業が発生します。一体、その費用はどこから出てくるのでしょうか。財務会計では、「人件費」の一くくりで済みますが、個別商品の原価管理や企画を行う管理会計では、人件費や関連する各種費用は製品別に配賦しなければ本当の収益管理にはなりません。それには、第1章の1.2.5で触れた「活動基準原価計算（Activity-Based Costing、ABC）」のような分析を併せて実施する必要があるのです。

　ただし、今、突然実行しようとしても、複雑かつ膨大な作業になります。製品別、装置別、年式別など、1つずつ基礎を積み重ねていくことが重要です。どんぶり勘定のまま、DX時代を迎えてはなりません。

③　形骸化している原価企画活動

　読者の皆さんの企業は、原価企画活動を実施していますでしょうか。アンケートを行うと、実は、多くの会社が「実施している」と答えます。筆者も、現役時代には「実施している」と回答してきました。正直なところ、まさか「実施していない」とは言えなかったからです。しかし実際には、「実施している」と答えていたその会社が赤字転落どころか、倒産危機に陥っていたのですから、自ら「実施していない」ことを証明

したようなものです。原価企画活動を実施していることで有名な大手電機メーカーも、台湾の会社に買収されました。原価企画活動の実績が企業経営に現れてこないことこそが、真の原価企画活動を実施していないことの証しといえます。

　原価企画活動を真面目に実施している会社では、管理項目は販売後もしっかり管理されています。会社に少しでも傾くような兆候がみえたら、先手先手で対策を打つなど、しっかりと会社経営を支えることができます。事実、原価企画活動をしっかりと実践している会社が倒産や危機に瀕したという話は、聞いたことがありません。

　読者の皆さんは、原価企画活動が商品開発の1つのセレモニーになっていないか、しっかりと確認してほしいと思います。商品開発後も収益が（計画通り）安定的に得られているかを確認するまで実施するのが、原価企画活動の本来の姿です。

　筆者はコンサルタントとして、一部上場企業18社のお手伝いをしてきました。このうちの多くがやはり、原価企画活動を「実施している」としていましたが、いずれも内容的には原価企画活動といえるものではありませんでした。何が、問題だったのか──。大きくは3つあります。

　第一は、管理項目の問題。何を管理しているかが曖昧な上に、ポイントがずれていました。第二は、目標未達時の管理の問題。全く管理されていなかったり、曖昧にしたりしていました。そして第三は、販売開始（Start of Sales、SOS）後の問題。フォローが全くできていませんでした。世に送り出した商品については収益的に企画通りに会社を支えてくれているかをしっかりとみていかなければなりません。しかし、大抵の

原価企画活動は、そこまでせずに中途半端で終了しながら、それを「原価企画活動である」と認識しています。このような原価企画活動は、真の原価企画活動ではありません。

こうした形骸化した原価企画活動では、フェーズごとの達成度チェックも甘くなっています。仮に目標に未達であっても、性善説に立って「次のフェーズで挽回する」と約束し、次のフェーズへと駒を進めてしまいます。しまいには、法規制の施行やモーターショーのようなイベントの開催などの社会的期限や、受注生産品においては客先との納期を優先し、目標に未達の製品でも市場に出してしまいます。管理項目も、第1章で述べたように、真の固定費を管理していないために、企業経営は重たい固定費を背負ったまま息切れしていくのです。これがまさに、筆者が在籍していた会社の姿で、それまで過去1度も目標コストでゴールしたことはありませんでした。

その結果、新車発売（SOS）と同時に、目標未達額は原価低減額の目標値にすり替わっていたのです。本来、次のモデルの開発に向けて集中するはずのリソースが原価低減活動に取られてしまうために、次のモデルがまた目標未達を生んでしまうという、負の連鎖を何度も体験してきました。

そして、この傾向は、筆者が在籍した会社のみならず、コンサルティングでお手伝いしてきたいくつもの会社でも見られました。筆者はこうした経験から、部品数マネジメントを原価企画項目に入れるべきと主張しています。そして、原価企画管理項目としては、以下を挙げることをお勧めしています。特に、＊印の項目については、開発進捗フェーズご

とに目標を分けて持つことが重要です。

- ▶ 利益（営業利益、経常利益、純利益）：SOS 時、販売後の年次別
- ▶ 製品コスト：SOS 時、年次別*
- ▶ 製品別販売価格：SOS 時、年次別
- ▶ 売り上げ台数と売り上げ金額：SOS 時、年次別、地域別
- ▶ 許容投資額（治工具・金型費）*
- ▶ 許容開発コスト（開発部門費）*
- ▶ 新規発生部品種類数
- ▶ 質量
- ▶ 新技術目標（シーズと達成度）
- ▶ その他（商品の性格や置かれた状況に合わせた項目）

　この中で、新規発生部品種類数を管理項目に掲げている企業はまれですが、部品数は多くの経営資源に深い関わりがあるため、筆者が原価企画活動を担当した際には必ず管理目標の対象に加えていました。

　自動車産業や電機産業、重機産業などでは、プロジェクトに対して全責任を負う、主査とか主管とか呼ばれるプロジェクトマネージャー（PM）が存在します。この PM がどれだけ周囲に押されずに、きっちりとマネジメントできるかによって、そのプロジェクトから生まれる商品はもちろん、時には企業の運命さえ決まります。筆者は、企業再建時に3つの特命を仰せつかりましたが、そのうちの1つは、「ある車を SOS 時から黒字にすること」というものでした。そこで、筆者はその車の主管（PM）と組んで原価企画活動を徹底し、会社が原価企画活動を開始してから初めてとなる、SOS 時からの黒字化に成功したのです。

　結果、1号車から目標通りの原価に収まったため、使わずに済んだ予備費が丸々営業利益として返ってきました。これは、筆者の力というよりも、主管や関係部署のスタッフが「会社が潰れる」という危機感を胸に、コストはもちろん、部品数まで目標を立てきちんと守ったことが大きいと思っています。

　その後も、筆者が退職するまでは、SOS時での黒字化が続くようになりました。これこそが、本来の原価企画活動というマネジメントなのです。

④　善意の工夫もルール違反

　原価企画活動に関して、設計部門のスタッフにも考えてほしいことがあります。彼らを見ていると、社内の不具合情報や他社のリコール情報には極めて敏感に反応しています。大変な努力をして市場に出した自分の設計物に、同じような問題点はないか、同じような不具合は起きないかと気にかけているのです。社内や市場からこの種の情報が上がってこなくとも、過去の設計物にいくばくか心残りがあると、マイナーチェンジなど次の設計機会には何とか後ろ指をさされないように修正しておきたいという心理が働くようです。これが設計者の本能で、基本真面目なのです。

　しかし設計部門のスタッフは、善意の工夫もルール違反であることを肝に銘じてください。具体的な事例で説明しましょう。

　図表2-2をご覧ください。原価企画を推進している企業では、"商品企画書"に基づいて、企画項目ごとに予算と、それを何の部品で実現さ

せるかという新規部品設計リストを作ります。続いて、商品企画項目を
実現させるために、どのような内容にするかを"設計構想書"に落とし
込み、具体的な設計に取りかかります。

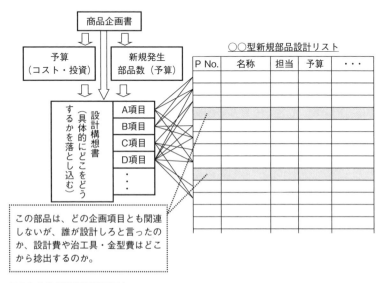

図表2-2 ● 新規部品設計リスト
ここで、企画項目に無関係な部品が計上されていたりします。
（出所：筆者）

　そして、出図が終わると、今までの作業の検証をして、新規部品リス
トで投資予算を整理します。すると、**図表2-2の点線枠で示したよう**
に、企画項目に無関係の部品が計上されていることがよくあります。こ
れが、だいたい善意の工夫からくる出図なのです。実際、筆者がコンサ
ルティングをしていた会社でありました。

　この種の出図の意図は大抵、マイナーチェンジの機会を捉え、原価低
減をしたり潜在不具合を解消したりすることにあります。当然のことな

がら、善意の工夫に伴い、治工具・金型費などが新たに発生するので、他の企画項目に便乗して支払われます。

　もうお分かりでしょう。こうしたケースで部品が増えたり予算が過剰に使われたりして、原価企画活動がなし崩しになっていくのです。こうした問題部品が顕在化すればまだいいのですが、闇の中に潜んでいるものもあります。このように善意の工夫は本来許されないことですが、だからといって、設計者を責めるのも気が引けます。なにしろ、善意ですから。PMも、心苦しく感じる場面です。

　本来、設計構想書を創る段階で、設計者がこのような設計変更を反映させたいと正直に申し出て、堂々と出図すればいいのですが、実際にはなかなか言い出しにくいようです。PMには予備費がありますが、すぐには使いたくないというのが本音。すると、言い出せない設計者は、「何とか気づかれないまま、こっそりと設計変更しよう」と考えます。もちろん、きちんと原価管理をしていれば発見できますが、ずさんな会社ではこっそりと設計変更することがまかり通っています。結果、プロジェクトはいつの間にか赤字に。筆者はこのことを「善意の工夫はルール違反」といって戒めています。原価企画活動の悩ましい実態です。

　この種の設計変更や追加設計は「ズルズル設変」や「釣られ設変」などといいます。これをなくすために、以下の提案をしたいと思います。

▶ PMと設計者がコミュニケーションを取り、善意の改善項目をあらかじめ企画書に盛り込む

▶ PMが部品数にも開発投資費にも予備費を確保し、企画書漏れの善意の改善項目を救済する

　こうすれば、全てが管理下に置かれますので、暗黙の出図は制限され、よりよい商品を創るための運営が実現できるはずです。とはいえ、予備費の乱用は無論ご法度。多くの企業において、開発途上でPMにすり寄って予備費を使う光景を目にしますが、これは大きな間違いです。予備費は本来、発売後の各種のトラブルのために使うものと心得てください。

◀ コラム **現場の裏話 [9]** ▶

立派だった、ある会社の「設変可否会議」

　善意の工夫に関連して、こんな話を聞いたことがあります。

　ある会社では、設計変更は開発部門内の「設変可否会議」に上程し、PMが1件ずつ設変の可否を決定していきます。過去の設計ミスや苦情に起因する設変でコストアップになるケースでは、その分を帳消しにする原価低減設変と抱き合わせでないと承認されないといいます。実に、立派なマネジメントです。

　そういえば、筆者が在席した会社でも、技術的変更依頼（Engineering Change Request、ECR）という設計変更情報を管理する仕組みがありました。エンジン、足回り、内装などの装置別や部品別にコードナンバーを付けて区分し、設計変更を公示・管理していたのです。コストまで目の行き届いた上述の会社ほどの緻密さはありませんでしたが、それでも善意の工夫の防止には寄与していました。DX時代になろうとも、このようにしっかりと管理していきたいものです。

2.3.2　部品数を管理すれば、メリハリ設計が始まる

　善意の工夫をやめ、部品数を目標管理の対象にしてからの設計者の行

動を思い起こしてみました。すると、部品数を意識してからというもの、設計者の心理としては、目的の性能や機能向上を果たすためにどのような設計をしたらよいか、それまで以上に日夜思考を巡らせるようになり、思考の深度もより深くなっているようでした。実際、他社製品を眺めたり、テアダウン（Tear Down）されている各社の構造を眺めたりしながら、制約のある部品数の枠に収めるための工夫がいろいろと生まれていました。

　そして、従来は安易に新しく部品を設計していましたが、目標部品数の制約を設けたことから、「ここは新規部品にするけど、目につかないここは従来部品を流用しよう」などと、重点志向が強まり、メリハリ設計ができるようになったのです。このことは、予想以上の成果でした。市場では、従来の約半分の新規部品で十分に戦える製品が出来るようになりました。

　今、「従来の約半分の新規部品で」と述べましたが、具体的に部品数はどの程度がよいのかについては、正解は恐らくありません。

　実践的には、まず、PMがあらかじめ予備数を想定しておく。続いて、設計構想書の段階でデザインレビュー（Design Review、DR）を実施し、商品性を高めるアイデアや新規部品を減らすアイデアなどを出し合う中で、「部品数を〇点増やすから、こうしてはどうか」と、コンセンサスを得る――。部品数は管理次第で、商品性や構造、原価などに効いてくる「ツール」といってもいいかもしれません。

2.3.3　部品数はこう配分する

　ここまで、経営としての部品数マネジメントの重要性をさまざまな角度から述べてきました。しかし、「『部品数をマネジメントしろ』と言うが、部品数はどう設定したらいいのか」、そんな声が読者の皆さんから聞こえてくるようです。ここでは、適正部品数の設定の仕方と部品の配分について解説しましょう。

①　適正部品数はどうやって設定するのか

　残念ながら、誰も「適正数」は設定できないと思います。強いて言えば、開発部門を筆頭に関連部門の人数から、新規部品の受け入れ能力を割り出すことはできます。しかし、商品企画との関連から割り出すのは困難と言わざるを得ません。

　従来は、開発費や設備投資費、治工具・金型費などを合計した可能投資額の枠内に入れば、部品数自体は問われませんでした。実際、筆者が倒産危機にあった会社で部品数激減活動を命じられた頃は、新規に創る部品数は青天井。設計者は好きなだけ部品を創り、商品企画項目を満たしつつ、自分の夢までもかなえてきたのです。「青天井」と述べましたが、正確には、治工具・金型の投資額に関しては管理項目として存在し、多少の制約がありました。とはいえ、屁理屈を並べてゴリ押しする設計者もたびたび目にしてきましたが…。

　それはさておき、新規部品数を管理すること自体が青天の霹靂だった会社において、筆者が、具体的に部品数をどう設定し配分したのかを、

次に紹介します。

② 部品数の配分

　まず、年間の許容発生総部品数を決め、これを機種ごとに分けること
にしました。具体的には、部品数激減活動の責任者である筆者が総部品
数を独断で決め、その数について PM たちと話し合い修正し、各プロ
ジェクトの部品数を最終決定しました（**図表 2-3**）。

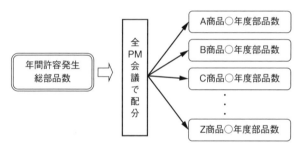

図表 2-3 ● 新規部品数の配分イメージ
筆者が総部品数を決め、それを PM たちと議論し修正して最終決定しました。
（出所：筆者）

　このとき、筆者が提示した年間の総部品数は、従来の年間平均発生部
品数の半分としました。これに対し多くの PM が、「その根拠は」と尋
ねてきましたが、しかるべき根拠などありません。あったのは、「絶対
に増やしてはいけない。増やせば、また固定費が膨らんで会社が倒れ
る」という強い危機意識のみ。そこで筆者は PM たちを前に、「部品数
激減活動では、『部品数を 70 ％削減せよ』と命じられている。その観点
からすれば、許容発生総部品数も 30 ％になる。しかし、我々が未知なる
世界に挑むことを鑑み、50 ％まで許容する」と納得させたのです。読者

の皆さんが部品数削減を実行する際には、屁理屈でもいいですから何らかの根拠を示すようにしましょう。それに納得性があれば、間違いなく関係者の実行意欲は高まります。

　一方で、筆者自身も、部品数を強制的に制限するこの手法で本当によい商品が出来るのかと、正直不安でした。しかし結果は、競合他社に決して見劣りしない商品が誕生。それは、重点志向で大事な部品から出図したため、企画通りの競争力を発揮し、シェアも全ての機種で伸ばしました。さらに、ムダな部品を出図しないことから設計時間数や残業時間数が顕著に減少した上、部品コストを収れんさせる時間が取れて目標コストで出図ができるようになりました。これにより、企業収益が見事に好転したのです。返す返すも、それまではいかに競争力に関係のない部品をせっせと出力していたことか──。この後、配分された目標数が、原価企画の管理項目に加わったことは言うまでもありません。

　以上は、筆者の実体験に基づく話です。年間許容発生総部品数を誰が決めるのか、配分はどの機関で行うのかなど、詳細についてはそれぞれの会社で異なってくるでしょう。大事なことは、目標の数字が絶対に守られる決め方をすること。それを無視して配分数が総数を上回ったり、配分数を甘くみて勝手な行動をしたりすると、この活動は崩壊し効果を生まなくなります。すなわち、この活動を、いかに企業文化として定着させるかが、カギを握ります。

◀ コラム **現場の裏話［10］** ▶

部品数の制限がないから、考えなくとも設計ができる

　筆者の、あるコンサルタント先での出来事です。

　終業後の会合で、参加者の1人が筆者の所に近寄って来ました。そして開口一番、「先生、私、実は先生と同じ会社にいたことがあるんです」と。筆者には全く記憶のない若手技術者でしたが、話すうちに、「今の会社は甘いなと感じています」とこぼすのです。「どうして」と理由を聞くと、「前の会社では、部品数の制限がありましたよね。そのため相当知恵を絞らないと、自分が思い描いた機能や構造を具体化することができませんでした。しかし今の会社では、その規制がありませんから、あまり考えなくとも設計ができてしまうんです。疲れない点はいいのですが、果たして…」と打ち明けてくれました。筆者は笑って聞いていましたが、心の中ではとても満足していたことを覚えています。「やっぱり、あの活動は間違っていなかった。技術者を成長させるという意味でも」と。

　技術者は追い込まれると本気を出し、想像を絶する力を発揮してくれます。部品数の制限には、そんな効果も期待できるのです。

③　**配分時に必要な配慮**

　ここまで述べてきたような部品数管理は、そうした文化をそもそも持たない企業では、相当上位の権限のある役職者がリーダーになって決定し管理していかないと実行は難しいと思います。

　実は、筆者が勤務していた会社でも、当時は部品数管理の文化はなく、それどころか、部品数が経営を左右していると本気に考えた管理職もほとんどいないような状況でした。しかし、たまたま経営危機に直面し、徳俵に足のかかった状態だったので、しぶしぶ部品数管理に同意し

ただけで、PM の本音としては、「少しでも多くの改良を織り込んだ新商品にしたい。そのための改善には十分な部品数が必要だ」と思っていたに違いありません。こうしたことから、特に平時では、部品数管理は極めて困難だと感じています。

　従って、この活動を企業文化として定着させていくには、相当の覚悟が要ります。ただ、それがいったん成功すれば既定事実となり、翌年もそれに倣った配分をするようになったり、部品数の貸し借りがあったりと、部品数管理の文化が芽生えてきます。

　筆者はこれまで述べた通り、部品数の総目標を従来の半数に置きましたが、結論的に言えば、よい目標だったと思っています。なぜなら、その数字の下で開発した商品は全て、他社を凌駕し、シェアも伸ばして、決して市場では負けない商品に仕上がったからです。読者の皆さんの企業が部品数管理に挑戦する際には、ぜひ、思い切った数字を目標にしてみてください。その方が、工夫が工夫を呼ぶメリハリ設計を実現し、設計者のスキル向上も期待できるからです。

　配分に当たっては、当該商品がフルモデルチェンジなのか、マイナーチェンジなのか、あるいは、もっと小規模な変更なのかといったことに配慮したり、競合製品と戦うための戦略を考慮したりと、それぞれの製品の置かれた状況を鑑みることが肝要です。

2.3.4　重要な原価企画・共通化構想書

　原価企画において、競合製品の原価を探ることは極めて重要になります。そのための有効な手法の1つが、テアダウンです。ご存じの方も多

く、実際に実施しているという企業もたくさんあります。

① 　**テアダウンの定義**

　筆者は 1972 年暮れ、米ゼネラルモーターズ（General Motors、GM）の技術者からテアダウンの基となる手法について 30 分ほど指導を受けました。その後、自分流のテアダウンを確立し、社内とグループ企業に導入。40 数社が「テアダウンルーム（Tear Down Room）」を設けるなど、テアダウンは重要な管理技術としてグループを挙げて推進してきました。そして、グループへの定着を確認した 1976 年、一般公開しました〔詳しくは、拙著『テアダウンのすべて』（日経 BP）をご参照ください〕。

　余談になりますが、筆者が退職後、GM の関連会社から「この方法を学びたい」という申し出があり、米国へ指導に行きました。米国 VE 協会が発行しているマニュアル集『The Value Methodology』には、筆者の名前入りで「Tear Down」が掲載されています。今や、テアダウンは日本からの輸出技術の 1 つとなっているのです。

　話を戻します。テアダウンは自動車業界を皮切りに、他の製造業にも広まっていきました。実際、筆者がコンサルタントとして赴いた電機メーカーや重機メーカーにもテアダウンルームが存在し驚きました。ただ、その進め方については、各社で微妙に異なります。それぞれが長年にわたり自己流で推進してきたためです。コンサルタントとして、そこを修正するのに苦労する会社もありました。

　テアダウンにはきちんと定義があります（**図表 2-4**）。そして、そこにはテアダウンの精神が込められているのです。以下で詳しく見ていき

分解した
装置や部品、データ類を
比較し、（目で見ることによる）
比較対照価値分析法

図表 2-4 ● テアダウンの定義
1 行 1 行に、テアダウンの精神が込められています。
（出所：筆者）

ましょう。

　テアダウンの定義は、「分解した装置や部品、データ類を比較し、（目で見ることによる）比較対照価値分析法」です。1 行目の「分解した」は、分解することが基本であると示しています。もちろん、分解前のベンチマーク（比較）も必要です。しかし、テアダウンの極意は分解にあって、外観では分からないことを知って比較対照します。

　2 行目の「装置や部品、データ類を」とあるのは、装置や部品は当然のことながら、質量や組み立て時間といった各種データの比較も重要であることを述べています。実際、データは改善のきっかけを与えてくれます。

　3 行目の「比較し、（目で見ることによる）」は、相違点をしっかり目で確かめよ、という意味です。報告書から結果だけを知るのではなく、いわゆる三現主義を貫けと教えています。

　そして 4 行目の「比較対照価値分析法」で、テアダウンとバリューエンジニアリング（Value Engineering、VE）の融合、すなわち比較分析に創造性を付与した手法と定義しているのです。

② 部品数マネジメントに有効なマトリックステアダウン

　テアダウンには、コストテアダウン（Cost Tear Down）やダイナ
ミックテアダウン（Dynamic Tear Down）などいくつかの方法があり
ます。詳しい内容については、2012 年に発刊した拙著『利益を最大化す
るコスト・イノベーション設計ガイドブック』（日経 BP）の 127 ページ
以降をご参照いただくとして、ここでは本書のテーマにピッタリなマト
リックステアダウン（Matrix Tear Down）を紹介します。

　図表 2-5 を見てください。これは、筆者が創ったマトリックステア
ダウンのフォーマットの１つで、部品数マネジメントに積極的に活用し
ていたものです。ここで取り上げている部品は、自動車のエンジンに使
用しているオイルフィルター。レシプロエンジンに使われる潤滑油を清
浄にするための部品で、ほぼ全てのエンジンに付いています。

　表の縦軸は比較対照する同じ部品群の部品（部品番号）で、横軸は比
較対照するデータ類を挙げています。各部品を分解し、このマトリック
スを埋めていくことにより、それぞれはどのモデルがベースになって誕
生したのか、どのエンジンに搭載され生産量はどれくらいなのか、部品
同士でどこに差異があるのか、統合の可能性はあるのか、などとても多
くのことが分かります。表中の「その他」には、特記事項を記入します。
なお、コストについては、ここではあるモデルを「100」として指数で
表していますが、社内資料では絶対値で表すようにするといいでしょう。

　実際、このマトリックステアダウンを用いて分析すると、さまざまな
ことに気づきます。とりわけ、表中の下欄「将来への対応と要望」には、
この部品が将来的にどうあるべきかという気づきを記入します。こうし

Oil Filter: Matrix Tear Down Report(Assembly)

No.	部品番号	登場時期	ろ過能力(L/分)	取り付け	重量(kg)	重量変化 +/−	コスト指数(%)	その他の要素
1	9211-4042-0	00/3	0.5 / 57	Y	5.4	−	93	
2	9211-4053-0	03/8	0.5 / 65	Y	5.5	−	96	油圧ゲージ用ブラケット付き
3	9211-4080-0	98/2	0.9 / 84	Y	8.5	+	105	
4	9211-4090-0	02/2	0.9 / 75	Y	8.1	+	104	オイルクーラー用バイパススプリング追加
5	9211-4130-0	03/5	0.9 / 75	Y	8.4	+	105	ブラグ＆ワッシャー追加
6	9211-4122-0	02/9	0.7 / 80	Y	6.9	0	100	油注入口ネジ部Vリザート無し、ポディー（ADC）形状若干異なる
7	9211-4100-0	98/7	0.7 / 80		7.2	+	111	
8	9211-4111-0	00/9	0.5 / 65		6.2	+	165	センターボルトタイプ
9	9211-4140-0	02/4	0.5 / 65		6.2	+	165	ケース取り付けマーク無し

部品名称：Oil Filter　種類：9　総投資 千円：Max 5800　Min 10　平均 1920　台当たり使用個数 1/台　合計生産数量 台/月 5800

適用機種・種別生産数量：
C790ED5g(KED51) 5000、C240ED(KED52) 2000、TKD23 700、TKD24 1900、TKD55(4PA1Eng) 1700、TKD55(4PC1Eng) 1900、KS21(4PB1Eng) 710、C330En 1400、C421Eng 1500、C440PYEng 500、C440PWEn 300

分析・将来への対応と要望

＊4P系TK車は全て共通部品が使われており、CRを目的とする部品と考えます。
＊また、C790、C440については0／Fのエンジン取り付け面は一連で実施が可能と考えます。
＊系と同様のカートリッジ化という目標を基に可能であると考えます。
＊動力用については、車両用をそのまま使用していただくのが理想です。

一連で実施が可能と考えます。干渉関係の折表要素が定まれば、干渉関係は同じ故、現在2種類の部品を1種類にしていくことも、4P

図表2-5●マトリックステアダウンの例
自動車のエンジンに使用しているオイルフィルターを比較分析しました。
（出所：筆者）

た示唆を残しておくことが、非常に重要な技術革新情報となるのです。

　さらに、こうして一覧表にしておくと、新たにオイルフィルターの必要性が出てきたときにも、類似品を探しそれを流用するか、新たに創りそれを近い部品と共用させるか、などが読み取れます。もちろん、ここに示したマトリックステアダウンは筆者のフォーマット例なので、読者の皆さんは別の表を用いて比較したり、テアダウンの定義に沿ってデータをもっと工夫したりと、いろいろと挑戦してみてください。改めて今、このマトリックステアダウンを見て思うのは、相互の互換性や他社の新しいモデルなども比較対象に加えていたら、もっと面白かったに違いないということです。

③　共通化構想書

　原価企画作業における目標設定に基づき、新規部品数も目標に加えるべきと述べてきました。その根拠となるのが、全社的な総目標数からの割り付けと設計企画書です。そして、その一部として使われるのが、ここに示す共通化構想書にほかなりません。

　各設計担当者は、設計構想書に基づいて、自分の持ち部品の展開方法を構想します。全く新規に開発設計するのか、従来部品を流用するのか、もしくは従来部品をモディファイ（一部改良）するのか——。それを、図表2-6のようにまとめておくと、関係者とのコンセンサスが得られやすくなります。

　この表は、上述したマトリックステアダウンの応用編といえます。設計企画段階での企画書の中で、従来の部品構成に対して新モデルではど

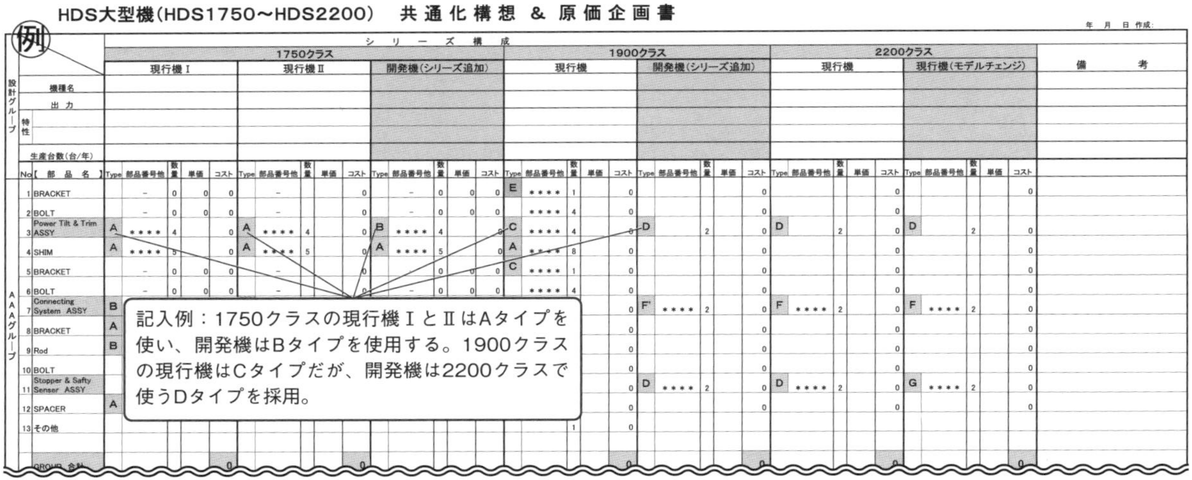
HDS大型機（HDS1750〜HDS2200）　共通化構想 & 原価企画書
年 月 日 作成:
例
シリーズ構成
1750クラス
1900クラス
2200クラス
現行機Ⅰ
現行機Ⅱ
開発機（シリーズ追加）
現行機
開発機（シリーズ追加）
現行機
現行機（モデルチェンジ）
備考
設計グループ
機種名
出力
特性
生産台数（台/年）
No【部品名】
Type
部品番号他
数量
単価
コスト
1 BRACKET
2 BOLT
3 Power Tilt & Trim ASSY
4 SHIM
5 BRACKET
6 BOLT
7 Connecting System ASSY
8 BRACKET
9 Rod
10 BOLT
11 Stopper & Safty Senser ASSY
12 SPACER
13 その他
AAAグループ
GROUP 合計
記入例：1750クラスの現行機ⅠとⅡはAタイプを使い、開発機はBタイプを使用する。1900クラスの現行機はCタイプだが、開発機は2200クラスで使うDタイプを採用。

図表 2-6●共通化構想書の例
PMと設計マネージャー、設計者で共有します。
（出所：筆者）

こを共通化し、どの部品を流用するのかなど、部品のバリエーションを明示しておくと、部品の乱造や善意の工夫によるルール違反を防ぐことができます。しかも、どこを新規の部品にするのかが一目瞭然で分かるため、これを PM と設計マネージャー、そして設計者で共有すれば、新モデルへの取り組みの概要を共有したことと同義になるのです。

　ここに挙げた事例は、ある企業が製作・販売しているエンジンコンプレッサーになります。最上段は、「1750 クラス」「1900 クラス」「2200 クラス」と、従来のシリーズを小型機種から順に左から右へと示しています。その下の色塗りしている「開発機」が、今回のモデルの見直しによって追加される新機種です。逆に、廃止する「現行機」があれば、ここに表示すると、関係者間で「これはなくなるのだ」と共有できます。

　左列には、BOM（Bill of Materials、部品表）や主要部品を並べます。この範囲を広げれば、資料は膨大になるものの緻密な検討ができるようになります。例えば、「この機種、まだこんなに古いブッシュを使っているんだ」などと多くの関係者が気づき、改良の機会が得られます。

　ここで、上から 3 番目の部品「Power Tilt & Trim ASSY」に注目してください。1750 クラスの現行機には「A」タイプ、1900 クラスの現行機には「C」タイプ、2200 クラスの現行機には「D」タイプが使われています。そんな中、1900 クラスの開発機では D タイプを新作し、競合機種に勝負を挑もうというわけです。つまり、ここには「部品を乱造せずに共用しながら、商品力を高める」という設計者の強い意思が現れているのです。

　新作の D タイプについては、設計構想書を共有すれば、企画段階の原

価企画目標との整合性も取れるため、設計者は安心して自分の夢、すなわち新部品創りに邁進できます。繰り返しますが、こうしたマネジメントを実施すれば、善意の工夫によるルール違反が入り込む余地はなくなっていきます。

　以上見てきたように、テアダウンは比較分析だけを目的とするものではなく、部品数マネジメントに活用すれば、関係者間でコンセンサスを得ながら部品の乱造を防ぐことができるようになります。

2.3.5　部品数を管理すれば、固定費が減少する

　上述のような部品数管理によって部品の乱造を防げば、これまで述べてきたようにさまざまな経済効果が得られます。ところが、現在の会社内の原価管理からは、それを数字として把握できない弱みがあります。大半の会社は、精神論だけではダメで、数字化しないと納得しないため、部品数管理に対してなかなか重い腰を上げません。

　数字化できなくとも、何か大きなイベントがあれば実行に移せることがあります。筆者の場合には、それが企業再建でした。逆にいえば、こうした経営危機とか、後述するトヨタ自動車の原価低減活動「CCC21（Construction of Cost Competitiveness 21）」のような大々的なキャンペーンとかがなければ実行できないのは、部品数管理に対する納得性が社内的に乏しいからなのです。従って、経営危機はあってほしくはありませんが、部品数管理は全社を、そしてグループを挙げてしっかりとフォローする形で展開するのが望ましい姿といえます。

　部品数管理の納得性を高める大きな効果には、開発工数削減と納期短

縮があります。部品数管理を実践すれば、必ずこの2つの効果が見え、設計各部は「工数が少なくなった」「納期が短くなった」「充実した設計ができた」などと実感します。しかし、ここにも難しい問題が…。その主因が、開発機種別の部品数管理にあるのかどうかが、明確に把握できないからです。もちろん、部品数管理が大きな要因と考えられますが、「今回は仕事のやり方に工夫を凝らした」とか、「残業規制があったから」とか、必ず別の要因も存在するからです。

こうした事情を鑑みると、部品数管理が当たり前の企業文化になるまで徹底的に展開する必要があります。そこまで育てなければ、マネジメントの目はすぐに他に向いてしまいます。

2.3.6 社長の本気に支えられた部品数激減活動

ここまで、部品数管理の納得性が乏しいという話をしましたが、読者の皆さんが少しでも納得性を得られるように、改めて筆者の経験を紹介しておきたいと思います。

筆者はもともと、テアダウンやトヨタ生産方式、VE とその関連技術を社内や取引企業に浸透させる業務を担当していました。ところが、部品数激減（部品数マネジメント）という特命を受け、全社の責任者として初めてこのテーマに取り組むようになったのです。

そのときの部品数は約100万点。その多さに皆、驚きましたが、筆者は大半が古い死んでいる部品と思いました。ところが、です。補修用部品を担当する部門は大半が生きている（必要な）部品と判断していたのです。なぜなら、会社は当時、過去に販売した車については、お客様が

補修用部品を必要としたら必ず届けるのが使命と考えていたからです。それ故、何十年も前のトラックに関しても、登録車が1台でも残っている限り、補修用部品は確保しておかなければなりませんでした。

　こうした中、会社は年々収益が悪化し、1991年度は再起困難なほどの大赤字に転落。筆者には、「保有部品総数は30万点と70％減らし、売り上げは1990年度当時に戻せ。そして、営業利益は○○億円を達成せよ」とする特命が下りてきたのです。売り上げ目標をあえて再建前（1990年当時）と同等にしたのは、「再建は『縮小均衡』ではなく、少ない部品数で売り上げを維持できる会社、利益の出る会社にする」という体質改善を目指していたことが背景にありました。

　実は、この種の活動は過去に何度も実施されてきましたが、成功した試しがありません。部品数は一時的に減るもののすぐに元に戻ってしまったり、活動自体が自然消滅したりと、難題中の難題でした。それを筆者がやり遂げられたのは、「社長の本気」に支えられていたからです。

　会社再建を旗印にした部品数激減活動は、全社の各事業本部長をメンバーとする「部品数削減推進委員会」という全社組織によって推進されました。筆者は、社長から同委員会の首座を命じられましたが、「メンバーの各事業本部長は皆、私より上の専務や常務クラス。首座は、私ではなく社長ご自身に務めていただきたい」と固辞しました。しかし社長は、「社長権限を委譲する」とし、筆者の背中を押してくれたのです。実際、筆者と激論を交わし、部品数削減に納得しない役員は去っていきました。社長の言葉は本気だったのです。

　こんなこともありました。あるとき、部品数の削減方針を提示した

ら、補修用部品部門の本部長（常務で、筆者のかつての上司）が「佐藤（筆者の名前）よ、言っていることは分かるけど、昨日も『ベレット』注2-1)のフェンダーを1枚欲しいという要望があった。しかし、肝心のフェンダーはない。こういう時はどうすればいいのか」と問いただしてきました。筆者は「プレス型はもうないから、コストは高いけど叩き出しで作るか、中古車を探し出して、そのフェンダーに手をいれて充当するか」などと苦しい回答。そのときでした。社長がスッと立ち上がり、自分のポケットから車のキーを取り出して高く掲げると、「○○（常務の名前）よ、だったらお客様には『フェンダーをお持ちしました』と言って、新しい『ジェミニ』注2-1)を持って行ったらどうだ」と言ったのです。会議室は一瞬、水を打ったような静けさとなりました。社長は続けて「つまり、少し発想を変えるんだ」と言ったのです。ここからです、会議の雰囲気が変わったのは。オーソドックスな考えは要らない、大胆な発想が求められている――。このことをメンバー全員が共有したのです。

注2-1) ベレットとジェミニ：ベレットは、1963年から1973年に製造された、当時としては数々の新機軸を盛り込んだ、1960年代の日本車を代表する名車。その後継車が、ジェミニ。1974年から2000年まで製造されました。

　こうして推進した本気の部品数激減活動により、部品はコンピューターから70万点が消えました（廃番になりました）。会社の1996年度の決算では、売り上げは、実に再建活動前を超え、商用車のシェアも伸び、営業利益に関しては目標をはるかに上回る、創業以来の最高益を達成。部品数が少なくても、そして商品バリエーションを見直しても、ビ

ジネスがしっかりと成立することを証明してみせたのです。

　どうでしょう、部品数管理の納得性は得られましたでしょうか。とりわけ、今日のようなコロナ禍のリモートの社会では、部品数管理に関するインフラ整備は待ったなしと考えます。管理者の「心眼」に期待したいところです。

2.4　部品増加はなぜ防止できないのか

2.4.1　経営が本気でないから防げない

　一般論としては、誰もが「部品数は少ない方がよい」と思っていることでしょう。ただ、このテーマを、経営者がたくさんある課題の中でどれだけ重要と感じているかが問題なのです。上述の話も、潰れそうだった会社が部品数激減活動だけで息を吹き返したわけではありませんが、この活動が相当大きな成果をもたらしたことは事実です。それだけに、部品数は、経営課題の中でもプライオリティの高いテーマであるといって間違いありません。

　そして、この活動がいったん定着すれば、その会社はスリムな経営に移行できます。では一体、どこまでやればスリムになれるのでしょうか。これは結構奥が深いため、差し当たって具体的な目標を立て、それを達成することが重要と思います。トヨタ自動車では 2000 年を迎えたときに、原価低減活動の大型プロジェクトである CCC21 に取り組みました。主要 173 品目を選定し、部品数の 30 ％低減を目標に推進。結果、世界最安値を実現したと、同社の 75 年史で報告されています。同プロ

ジェクトは、筆者の部品数激減活動後に展開された、日本の産業界の中で注目すべき部品数削減活動になります。

　さらに、同社が「もっといいクルマづくり」を目標に取り組む「トヨタ・ニュー・グローバル・アーキテクチャー（TNGA）」活動の1つに、「グルーピング開発による賢い共用化」があり、複数機種を同時開発する中で、少ない種類の部品数で多数の車種を創る活動を今なお展開しています。これらCCC21やTNGAは、企業単位で聞かれる部品数削減活動の数少ない成功例であり、トヨタ自動車のものづくりの強さの一端がうかがえます^{注2-2)}。

注2-2) TNGAの概要については、2021年2月に開かれたVE関西大会（日本バリュー・エンジニアリング協会主催）の記念講演で、トヨタ自動車収益関連事業部長の鈴木浩之氏が「トヨタ自動車の原価管理・原価企画の概要について」と題して触れていました。

　トヨタ自動車は例外としても、多くの会社では、経営者が年頭のあいさつなどで部品数を課題の1つに挙げたりするものの、削減活動はほとんど実行されていません。経営者は指示を出した時点で、性善説に基づき「実行してくれるもの」と思い込み、それがどのように実行されたかについては確認をしていないのです。

　とはいえ、実行しなければ始まりません。大半の企業は商品分野をいくつも持っていることでしょう。その中で全社一斉に実行できればそれに越したことはありませんが、ひとまず、ある特定分野に絞って試験的に実行してみるのも1つの方策です。まずは、特定分野の部品数削減を5W1Hに落とし込みます。そして、計画した時間軸に合わせてチェックを入れていくようにします。重要なのは、減らすだけではなく、いかに

増やさない仕組みを創るかです。筆者が取り組んだ、似た部品を洗い出す「そっくりショー」は、自発的アクションであって組織的アクションではなかったことと、増えない仕組みや歯止め策を講じなかったことが反省点でした。こうした点に配慮し実行すれば、顕著に効果が現れるようになります。

　どんなにおいしいものでも、自分で食べたことがなければ、本気で食べようとはしません。部品数削減もまた同じ。経営者の多くは、自身で経験したことがないから、本気で推進しようとしません。ならば、部下に自分の権限を委譲してやらせてみてください。筆者は上述した通り、トップの権限を委譲されたからこそ推進できました。部品数削減は、トップダウンでないと成功しないといい切れます。しかし一度、そのプロセスを体験し成果を味わうと、部品数がいかに経営に関与しているかに気づくことと思います。おいしいものは、食べてみなければ分かりませんから、実行あるのみです。

◀ コラム 現場の裏話 ［11］ ▶

副社長たる T さんがしっかりと旗を振れ

　日本バリュー・エンジニアリング協会主催の「VE 全国大会」は毎年東京で開かれており、会場には関係者が多く集まります。とはいえ、2020 年と 2021 年はコロナ禍の影響でリモート開催になったため、寂しいことに対面で顔を合わせることがなくなりました。今回は、6、7年前の会場での開催だったころの話です。

　会場では、旧友と再会することもしばしば。このときは、元の会社の同僚の T さんが筆者の所にやって来ました。一通りの会話を交わすと、

Tさんが、「このごろ、部品点数がまた増え出して困っているんだよ」と
ぼやいたのです。このとき、Tさんは副社長。私はTさんに、「それは、
副社長たるTさんがしっかりと旗振りをしなければダメでしょう。経営
危機に陥った、あのときの改革のように、部品数マネジメントを企業文
化として定着させなければ、70年来の苔の生えた文化は変わりません
よ」と発破を掛けました。

　やはり、組織というものはトップの姿勢で変わります。そして、文化
というものは定着すれば、旗振り役が少し手を抜いても独り歩きするも
のです。逆にいえば、独り歩きできるようになるまでは、幹部の責任に
ほかなりません。

2.4.2　技術者が独り善がりになるから防げない

　部品増加を防止できないのは、経営者側だけではなく、設計者側にも
問題があります。ここでは、経営者が知っておくべきポイントを4つ示
します。

①　夢に要注意

　ものづくり企業に就職する技術者は多かれ少なかれ、こんなものを創
りたいと、大きな夢を抱いて入社します。筆者はサラリーマン時代に、
そんな新人技術者の配属希望を聞く面談をしたことがあります。結果
は、90％以上の技術者が「設計をしたい」と希望を述べました。残りの
約10％弱の新人技術者に関しては、グラフィックデザイナーとして採
用されたり、学生時代からの研究を継続することが決まっていたりと、
入社前から配属先が約束されていました。一方で、驚いたことに、生産

技術や品質保証を希望する新人技術者は1人もいませんでした。筆者の経験からすれば、生産技術（ものづくり）業務は実に面白いのですが…。

　設計者に話を戻しましょう。彼らの魂は、「新しいものの創造」にあります。従って、たとえ大きな変更ができなくとも、色を変えるだけで新鮮さを出したいとか、この取っ手を改良してもっとつかみやすくしたいとか、少しでもよくしようと考えます。しかし多くの場合、その行為は、お客様の価値評価よりも、「自分の創造は必ずやお客様に受け入れられる」という信念によって生まれ、客観的にみると、独り善がりになっていることが多々あります。ここに、夢多き技術者とお客様との間でミスマッチが生じ、それに管理者が気づかなければ、設計者の独り善がりの設計を許し、部品を増やしてしまうことになるのです。

　対策としては、設計企画書や設計構想書などの企画段階において、企画者と設計者の間で十分に議論し、コンセンサスを取り付けること、すなわちコミュニケーションを取ることが何より重要です。そのためにも、設計企画書や設計構想書は形骸化せずに、どんな機能を、いくつの新部品で実現するかなど、明確なコミットメントとして生かしていかなければなりません。

②　お客様との価値観のギャップに要注意

　お客様はお金を払って、自分の欲しいものを手にします。そして、少しでも安くと、秋葉原の家電量販店を何軒もはしごしながら購入したりします。そう、「少しでも安く」は、お客様の深層心理なのです。

　実は、ここに設計者とお客様、それぞれの心理に矛盾があります。設

計者が考えるよいものとお客様が感じるよいものは、少々目線が異なります。新しい商品が、設計者にとっては自信作のよいものであっても、それにお客様が高いお金を払うほどのよいものかといえば、必ずしもそうとは限りません。

　新しい商品を創るには必ず投資が必要になります。そして、それを吸収するのは売価です。その売価を下げれば、当然収益が犠牲になります。技術者は、芸術品を創っているわけではありません。お客様にしっかりとお金を払ってもらうだけの価値を認めてもらって、初めて技術者の思いが通じるのです。

　設計者と管理者は、設計変更箇所が最適かどうかを見極めなければなりません。そして、新たな価値を創るために、新部品によらず、設計変更する他の部品（関連変更部品）で吸収できないか、真の原価低減になっているか、何より自己満足ではなくお客様にお金を払ってもらえるものになっているか、を考えてください。そうすれば、きっと誤った最適設計ではなくなるはずです（図表 2-7）。

③ 思い込みに要注意

　「過去にとらわれたくない。新しいものがきっと売れる」――。設計者の多くは、こうした気概を持って設計に臨みます。確かに、他社に比べて優位性をアピールする箇所や勝負する部品・装置は、そうでなければなりません。しかし、お客様が気にも留めない部品・装置やお金を払ってくれない部品・装置、すなわち勝負しない部品・装置については、多額の開発費をかける必要はありません。設計者の意気込みは「よし」

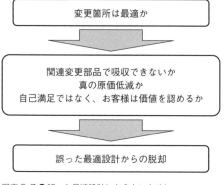

図表 2-7 ●誤った最適設計にならないために
自己満足ではなく、お客様に価値を認めてもらえるものを
創ろう。
（出所：筆者）

としながらも、ここはビジネスと割り切りましょう。

　そのためには、勝負しない部品については、従来の部品を部分変更せずにいかに使用していくかを考えることが第一歩となります。どうしても寸法が合わないなら、周囲の他の新作部品で寸法合わせができないかを検討します。それもかなわず、新作に頼らなくてはならないなら、最近の汎用性の高い材料を使い、自社もしくは周囲の取引先にある設備で造れるようにしましょう。加えて、その新作部品が他機種を含め、いろいろな商品に使用される可能性がある場合には、汎用性に視点を置いた設計を心掛けます。

　ただし、部品を新作するか否かの判断は、その部品設計者に託してはなりません。万一そうしたときには十中八九、「設計するために、この会社に入ったんだから」と、自分の足跡を残すべく、新部品が生まれてしまいます。何度も述べてきていますが、新部品の増加を防ぐには、商

品企画段階で、「これは新作、これは流用」と決めることが肝要です。それを明文化した設計構想書を基に、PM と設計者がコンセンサスを持つようにしましょう。

　では、設計者の思い込みではなく、新部品を創っていいのはどのようなケースになるのか――。ポイントをまとめましょう。

- ▶ 機能的競争力（競合製品との差異性）のある製品とする（第 1 章 1.4.2 参照）
- ▶ 変更による新規性（差異感）をアピールする
- ▶ コスト競争力のある製品とする
- ▶ 検索が困難、時間に余裕がないなど、類似部品が使えない理由が明確である
- ▶ 既存の仕組みでは、部品間の連携がとれない

　3 番目のポイントについて、少し補足します。読者の皆さんは、コスト競争力を高めるためには、板厚を薄くしたら安くなるなどと単純に考えていませんか。実は、その視点だけでは、コスト競争力を正しく評価できません。金型を新作する必要はないか、他の部品と互換性がない場合には新しく補修用部品や管理費用が増えないか、といったところまで考えを巡らせる必要があります。要は、開発費や投資、在庫費用などの固定費を考慮しても、さらには調達から製造、使用、廃棄までのライフサイクルコスト（LCC）で評価してもメリットがあるのかをきちんと考えるようにしましょう。

　新部品の設計では、「その部分を新しくすれば、商品は必ず売れる」と自信を持って言えることが何より重要です。

④　個性的な設計者に要注意

　設計者の中には、個性的な設計者がいます。正面から質問すると、大抵は「そんなことない」と言いますが、実は、個性的な設計者ほど新しく部品を生み出す可能性が高いのです。なぜなら、他人の設計を受け入れがたく、自分の考えを通さないと気が済まないからです。結果、他人が設計したものを鵜呑みにできず、必ずどこかを直してしまう。「他人の設計したものは使いたくない」「自分は設計者だ」というプライドが強く出てしまうのです。

　部品のどこかが変われば、必ず部品番号も変わります。発注先が同じ場合、材料や製造工程など多少共通性が出てきますが、異なる場合には、新たに治工具も要る、金型投資も必要になるなど全く新しい部品となります。

　ここが、管理者の重要なチェックポイントです。ただ、勝負する部品なら目も行き届きますが、勝負しない部品になると難しく、とりわけ個性的な設計者の自己満足によって次から次へと部品が生まれてしまう恐れがあります。管理者は、個性的な設計者に対しては少し目配りするよう心掛けるようにしましょう。

◀ コラム **現場の裏話［12］** ▶

シガーライターは定員制の対象部品にしろ

　図表2-aは、シガーライターです。今は、一部の商業車を除いてダッシュボードから消えてしまった、懐かしの部品です。部品数激減活動が始まって、筆者が開発本部長と一緒に設計部を巡回した際、この部品の

図表 2-a ● 今は懐かしいシガーライター
部品数削減活動では、24点から2点に絞
りました。
（出所：筆者）

　設計者の席で担当設計部長を交えて意見を聞きました。

　設計者は、「マイナーチェンジやモデルチェンジのときには、新鮮味のあるシガーライターを市場に出そうと図面化した」と自慢気に説明をしてくれました。ただ、図面化といっても、シガーライターに関しては標準化が進み同じ構造・寸法を踏襲していたため、つまみの部分のデザイン（たばこの絵）を変更する程度で本体部品は流用でした。

　さらに、この時点で生きているシガーライターの数を聞くと、24点ありました。すると本部長は担当設計部長に、「シガーライターは定員制の対象部品にして、数は最大2点にまで抑えろ」と指示しました。定員制とは、勝負しない部品に対して部品数の上限（定員）を決め、それ以上に増やしてはいけないとするルールのこと。自動車の電圧は、小型車系が12V、中大型車系が24Vですから、それぞれ1種類ずつ残して最大2点にするというわけです。

　そして、本部長は最後に、「喫煙者が減っていることから、いずれシガーライターは不要になるかもしれない」と、今後は2点を使い続けることを示唆した上で、「シガーライターは勝負する部品ではない。もうシガーライターの設計に人は配置するな。彼には別の元気が出る仕事をさせてはどうか」と指示したのです。

　設計者がいなくなれば、BOMには古い部品番号が記載されるだけ。こうしてシガーライターは2種類に減り、数年後にはダッシュボードから次々と消えていったのです。

2.5　種類数は販売力ならず

2.5.1　売り上げに比例しないバリエーション数

　部品数マネジメントは、決して商品の種類数を少なくする活動ではありません。最少の部品数の組み合わせで商品の種類数が増えるのであれば、それは大いに歓迎されるべきことなのです。しかし売り上げは、バリエーション数が多いからといって伸びるものでもありません。

①　売れた商品と売れなかった商品

　筆者は、会社再建を旗印に部品数激減活動を推進したときには、商品数も激減させました。しかし、商品数を減らしたことで部品数が減ったことも、部品数を減らしたことで商品数を絞ったこともほとんどありません。「売れる」との期待感（「売るから作れ」との要望）から企画したものの、結果的に販売実績がゼロに等しい商品も少なくありません。商品数を激減させたのは、そうした販売実績を踏まえ、類似機能の商品を統合したりしたためです。これは、戦略的には「お勧め販売」に特化した結果といえます。

　実際に、自動車のセールスマンは自分のお勧めメニューを持っています。セールスマンのＡさんは「売る車は数種類」とか、Ｂさんは「得意車種のみ」とか、商品の種類数を知らずにセールスし、実際のバリエーション数を聞くと、「えっ、そんなにあるの」と驚くほどです。

　実際、再建当時の2トン車の種類数は約700車種ありました。しかし、

そのうちの20車種で販売量の65％を、80車種で実に94％を占めていました。ここから商品数を絞っていった経緯については**図表2-8**に示しますが、企業再建という環境下において売れる車種に絞ったからこそ、販売台数もシェアも伸びたのです。

　なお、商品数を削減した中には、その商品特有の部品も存在していましたが、補修用部品として残したために、直接的には部品数削減には寄与しませんでした。

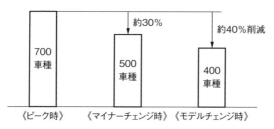

図表2-8 ●2トン車の商品数を絞った経緯
ピーク時の700車種から400車種に絞りました。
（出所：筆者）

②　お客様は神様がバリエーションを増やす

　数少ない新部品の組み合わせで新バリエーションができる――。これは、とても上手な設計ですが、なかなかそうはいきません。「お客様が欲しがっている」という要望に応えようとすると、つい新たな機能設計や部品設計が始まってしまい、部品数増加の1つの要因になってしまいます。近年、耐久消費財である家電製品や乗用車、住宅建材などは、カタログの範囲内で販売するようになってきていますが、商業車や建機、重機などでは、まだまだ「お客様は神様」の世界が残っています。

　販売部門は、お客様から「こういうものが欲しい」と要望があると、まさに「客先ニーズだ」と、バリエーションに追加しようと考えます。そして、同じようなお客様はきっといるはずと推測し、捕らぬ狸の皮算用を開始。願望を込めて「これくらいは売れるから、こんな車（機械）を開発してくれ」と、開発部門に要望し、同部門も疑心暗鬼ながら応じる結果、商品の種類が増えていきます。

　しかし、このようなケースでは大抵、その商品はある特定の販売店でしか扱われず、別の販売店からは似て非なる新しい要望が上がってきます。お客様の一言を近視眼的に捉え、「それがあれば売り上げが伸びます」と計算が始まり、他の要望には全く目を向けないケースというのを、筆者はよく見てきました。

　本来、PMがそれらを把握し調整すべきところです。しかし、PMも与えられている販売目標を達成するには、お客様が欲しがっているものを供給すれば売ってくれると信じて、車種・機種が増えていってしまいます。現実に、セールスマンが理解しているバリエーションの数は、全バリエーションの5分の1もなかったという調査があります。セールスマンはそれぞれ、売る得意車種があり、月次の販売目標台数はその得意車種で達成しているケースがほとんどでした。

　これは自動車だけではありません。重機や産業機械なども同じ傾向にあることを、筆者はコンサルタント時代に経験してきました。1台の売り上げ金額が大きければ大きいほど、その傾向は強くなります。とりわけ、住宅建設は発注者にとって一生一代の大事業。建機よりも値段の高い住宅も数多くあります。それ故、オーナーはとてもわがままで、住宅

建材のバリエーションもとても多く、コンサルタントをしていてカタログのあまりの厚さに驚きました。しかも、それが毎年更新されるというのです。

　話を自動車に戻しましょう。いすゞ自動車の小型トラック「エルフ」は、1959年の誕生以来、このクラスにおいてシェアはトップを続けてきました。営業は、「豊富な種類があるからこそ、トップシェアを維持しているんだ」と、車種を減らすことには大きな抵抗がありました。しかし図表2-8のように、「売れていない車種をなくすだけ」と、マイナーチェンジ時に当初の種類数から約30％削減、モデルチェンジ時には約40％削減しながら新車開発を実施。削減したうち販売実績のあった旧モデルについては、お客様に対して旧モデルとの関連性を明確にしながら新モデルをお勧めするようにしました。いわば、言いなり受注からお勧め販売への転換です。

　結果、商品の種類数を約30％削減したマイナーチェンジ時点でもシェアはトップを維持し、約40％削減したモデルチェンジ時点ではさらに大きくシェアを伸ばすことになりました。かくて、「種類数が販売力」という神話は崩れ去ったのです。

◀ **コラム 現場の裏話［13］** ▶

街中を走るトラックを高速道路仕様に？

　本章でも紹介した、小型トラック「エルフ」。発表以来、実質トップシェアを守り続けている名車です。そのエルフのバリエーションの1つに、高速道路仕様のダンプトラックがありました。

　２トンのダンプトラックの主な用途は、市内や近隣の庭の整備や左官工事、住宅建設の土木工事などで、その行動範囲はだいたい市内か隣り街くらい。それ故、絶対に高速道路を走らないとはいいませんが、使われ方の実態としてはまず走りません。それなのに、高速道路を走った際に、トップギアよりもさらに高速性に優れたオーバードライブがあった方がよいということから、高速道路仕様のダンプトラックが設定されたのです。

　蓋を開けてみれば、１台も売れませんでした。そもそも高速道路を走行する可能性はごくわずか。もし高速道路を使うことになっても、一般仕様で走れないわけではありません。街中しか走らない車を高速道路仕様にしたところで、ユーザーはわざわざ高いお金を出して買いません。しかも、セールスマンの大半が、この仕様の存在さえ知らなかったというのですから…。

　読者の皆さんの会社にも、このようなケースはありませんか。

2.5.2　売れる商品の条件

　商品には主に２種類あります。1つは、店頭に陳列してある品々、あるいはカタログやWebサイトのオンラインショップなどに掲載されている品々を見て、自分が選択して購入する商品。もう1つは、販売担当者に自分の希望を述べて手に入れる商品、あるいは自分の好みに合うものを推奨（特注）してもらって手に入れる商品になります。代表的な商品は、前者が家電製品や電子製品、自転車、家具など、主にホームセンターや大型量販店、通販などで販売されているもの、後者が自動車や建機・重機械などになります。

　多くの企業の販売部門は、商品群のバリエーションを豊富に持ちたが

り、販売担当者は、バリエーションがあると売りやすいといいます。さらに、お客様の声を聴き、それに合致する新バリエーションを検討するものの受注に失敗すると、「商品の種類が足りない」「開発が遅い」などと、あたかも会社の対応が悪かったかのように指摘する声さえ出ます。では、営業担当者は、そのシリーズのバリエーションを熟知しているのでしょうか。それは、ここまでに述べてきたように、多くが「否」。営業担当者は案外、バリエーションを把握せずに、自分の得意なバリエーション（車種）で勝負しています。逆にいえば、バリエーションは販売力を上げる要因ではないといえます。

　先ほど、小型トラックの種類数を700から30％、40％と削減してもシェアが伸びたことを紹介しましたが、このよう商品では、売り子の数、すなわち販売店数と販売員数が販売量を大きく左右します。ただ、それ以上に、商品自体がモデルチェンジによってよりよくなったことに加え、競合車にない安全性や操作性の改良が功を奏しました。お客様に対して何を売っていくか——。重点志向の結果といえます。

　さらに、モデルチェンジ時には、新規部品数を従来の約半分に抑えたことも、シェアを伸ばす要因になりました（本章2.3.3参照）。こうした筆者の経験を基に、売れる商品の条件をまとめてみましょう。

- ▶ 種類≠販売量。「種類が豊富だから、シェアトップ」は虚言である
- ▶ 戦略的部品数マネジメントをすれば、少ない部品で売れる新商品が生まれる
- ▶ よいものは売れる
- ▶ 売り上げは、売り子の数（販売店数、販売員数）で決まる。売り子

の販売量は変わらないから、増販したいなら売り子を増やす

▶ 売り上げは、商品の認知度（知名度・信頼性）が大きく影響する。認知度は市場に出回る量と宣伝量で決まるため、重点指向にすると、同じ商品が多く出回る、多く宣伝されるなど有利に働く

▶ 売り上げは、売り方（セールストーク）で変わる。商品性やコスト、納期など、お客様の琴線に触れるよい売り言葉を探す

▶ 売り上げは、競争力で変わる。重点指向にすると、原価低減による価格競争力（値引き対応力含め）、機能的競争力（使いやすさ、便利な機能、豊富な機能）、そして供給競争力（納期、部品供給、サービス）が付く

　繰り返しますが、バリエーション自体を否定しているわけではなく、一定量は必要になります。重要なのは、ここにまとめたポイントに沿って重点志向戦略を展開すること。販売担当者も知らない、あるいは覚え切れないほどのバリエーションは過剰なのです。販売担当者は、お客様の言いなりになるのではなく、上手にお勧め販売をしてください。

　要は、このような工夫や努力をすれば、ムダな商品バリエーションを追加せずとも、売り上げやシェアを伸ばすことができるのです。

◀ コラム **現場の裏話［14］** ▶

今になって手のひらを返すとは何事だ

　筆者は、小型トラック「エルフ」のモデルチェンジを実施するまで、売れない車を中心に車種の削減を口うるさく唱えてきました。これに対し、営業や設計部門などからはずいぶんと反感を買ったものです。

　そこで、ある日のこと、筆者は全社の推進会議で、「今後は、車種は好きなだけ増やしていい」と宣言しました。すると、営業や設計部門は、「今になって手のひらを返すとは何事だ」と大ブーイング。筆者は続けました。「ただし、『既存部品の組み合わせ』を条件とする」と。すなわち、既存部品の組み合わせ設計で新たな機能を持つ機種が増えるのは、既に開発投資を終えていることから問題にしないとしたのです。

　こうした社内での軋轢（あつれき）を乗り越え、部品数削減活動は定着していきました。そして、筆者にとってこの経験は、その後のコンサルタント活動で大きな武器となったのです。

2.6　部品数マネジメントのポイント

2.6.1　歴史にみる種類数増加パターン

　ここまでみてきたように、商品や部品の種類数は販売力強化に直接結びつかず、返ってさまざまなリスクを大きくする恐れがあります。だからこそ、必要なのが、部品数マネジメントです。ここからは、部品の種類数増加パターンとそれに伴う固定費負担の大きさを頭に入れながら、部品数マネジメントのポイントを解説していきます。

　日本は一時、世界で最も優れた工業国といわれました。欧米で生まれた工業製品を模し、それ以上に品質を高めて世界の市場を席巻してきたからです。その一方で、読者の皆さんは、日本で全くゼロから生まれた商品を何か思い付きますでしょうか。

　そもそも海外では、1769 年に英国・スコットランドでジェームズ・ワットが実用型の蒸気機関を発明。1889 年にはフランス・パリでエッ

フェル塔が竣工し、第4回パリ万国博覧会の最大のモニュメントとして世界の注目を集めました。1908年には、米フォード・モーター（Ford Motor）が「フォード・モデルT（Ford Model T）」（通称「T型フォード」）の生産を開始し、1927年に生産が終了するまで、実に1500万台以上を市場に送り出してきました。

　パリ万博の開催もT型フォードの生産開始も、日本はまだ明治初期。工業国として欧米との差は歴然としていました。しかしその後、日本は欧米の工業製品をひたすらまね、小型化したり使い勝手を高めたりして工業国としての評価を高めてきたのです。これが、いわば日本の発明といえます。かつての自動車産業を例にみると、例えば**図表2-9**のようなイメージになります。欧米のある車種を模し、それをベースに乗用車シリーズを拡大したり、バンタイプやトラックに改良したり、といった具合です。

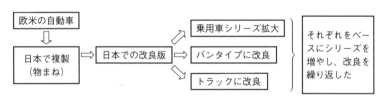

図表2-9 ● 自動車でみる、日本の工業発展のイメージ
海外製品をまね、きめ細かな改良を加えてきました。
（出所：筆者）

　日本の工業はほぼ全てといってよいと思いますが、海外から製品や造り方を学びました。いすゞ自動車の場合には、前身の東京石川島造船所が1918年に英国のウーズレー・エンジニアリング（Wolseley Engineering）と提携し、東洋における一手販売権と製造権を取得。同

図表2-10 ●英国のウーズレーCP型第1号トラック
いすゞ自動車（前身は東京石川島造船所）は同社のトラックをまね、トラックメーカーの走りとなりました。
（出所：いすゞ社史）

社のトラックをまねながらいろいろなバリエーションのトラックを製造し、トラックメーカーの走りになりました（**図表2-10**）。1953年には同じく英国のルーツ・グループ（The Rootes Group）と提携し、1956年から同社の乗用車「ヒルマンミンクス」のノックダウン生産[注2-3]を開始。翌年には国産化が完了しました。1958年に来日した英国の自動車評論家ロナルド・バーカーは、本家の英国の車と日本の車を比較して、「日本製の方が細部の仕上げと建て付けがよいように見受けられた」と、後年述懐しています。まさに、ここが上述の「日本の発明」に当たります。いすゞ自動車はこうして海外の車に学び、乗用車を造り始めていったのです。

注2-3）ノックダウン生産：部品を輸出し、現地で組み立てをする生産方式。「ヒルマンミンクス」の場合には、英国から日本に完成車ではなく部品を輸出し、日本で組み立てて販売しました。

　　最終製品だけではありません。構成する部品も同じように改良に改良

が加わり、日本は1970年代から1980年代にかけて世界一の工業国へと成長していきました。家電製品を例にすれば、1台の冷蔵庫を模したら、そこから「大型」「中型」「小型」とシリーズ展開をしたり、「冷凍庫付き」「野菜室付き」など新部品と共にバリエーションを増やしたりしてきたのです。しかしその後、同様のことを韓国や中国、東南アジア諸国が展開し、日本は今や、追われ追い抜かれた状況になってしまいました。

　読者の皆さんは、こうした諸外国と日本の相違点はどこにあるとお考えでしょうか。最近では品質はそう大きくは変わりませんが、バリエーションに関しては日本の方が圧倒的に多い。実は、このバリエーションの多さが部品数増加につながり、コスト高の大きな要因を占めているのです。

2.6.2　商品力増強による種類数増加パターン

　商品が売れるのは、お客様目線でみると、「自分が欲しかった」「使ってみて満足度が高い」「持つことに優越感を覚える」などのメリットが感じられるから。こうした所有することによるさまざまな喜びを引き出すのが、商品に付加された、お客様が求める使用機能や貴重機能にほかなりません。使用機能とは使用者の使用目的に関わる機能のこと、貴重機能とは使用者に魅力を感じさせるデザインなどの機能のことです。

　そして、その機能を発現するのが、商品そのものと個々の部品。それがありきたりだと、購買意欲は湧きませんし、購買行動の動機付けにもなりません。購買意欲をかき立てたり購買行動を引き出したりする「味付け」の多くは、商品性や個々の部品力によるものです。品質や耐久性

などは常識的な評価項目として、もはや競争材料とはいえません。お客様を引きつけるのは、むしろ新しい機能で、それを発現するために新しい部品が必要となり、部品数が増えるのです。

2.6.3 種類数増加と固定費負担

　商品が登場すると、ビジネスが始まります。当然のことながら、採算が取れることが条件です。つまり、「売り上げ－原価（変動原価＋固定原価）＝利益」の方程式が守られて、ビジネスは成立します。しかし、むやみにシリーズを拡大・拡充していくと、原価が膨らんできます。

> ▶ 生産数量の変化：シリーズを拡充すればするほど、1シリーズ当たりの生産数量が減少するため1台（個）当たりの固定費負担は増加する
>
> ▶ 都度設計の増加：あるシリーズに特定機能を搭載すると、そのシリーズの固定費は都度設計により増加する

このように商品系列数や部品種類数を増やすと、結果として固定費が増加します。しかし、多くの産業、多くの会社で、固定費の管理はおろそかにされているのが実態。すると、こうした問題は顕在化しないまま、企業経営を圧迫していきます。

2.6.4 原価低減は収益改善か

　よく見かける原価改善のシーンがあります。例えば、コスト1000円で造った部品の見栄えが悪いことに気づき、材料や大きさを修正しつつ生産工程にも工夫を凝らして800円で新部品を造りました。新旧の部品

の原価構成は共に、「原価＝材料費＋加工費＋治具・金型費」。新部品により、「20％に上る大きな原価低減を果たせた」と、関係者は喜び、新部品を旧部品に置き換えることにしました。

こうした原価改善活動は、多くの企業でよく見かけます。筆者も再三実施し、褒められたりしましたが、果たして、これは本当に原価改善といえるのでしょうか。考えてみてください。旧部品の償却費（減価償却費や残存償却費）は、どのように償却していくのでしょうか。新部品の誕生に伴い発生する、新たな管理費用（補修用部品が終わるまでの固定費など）は、どこから捻出するのでしょうか。

実は、後付けの改善は、固定費の思わぬ増加を招きます。見掛けの原価低減に一喜一憂するのではなく、固定費まで含めた原価計算に基づいてしっかりと評価するよう改めなければなりません。

2.6.5 原価管理の精度を上げる

上述した固定費の管理をはじめ、管理会計の重要さはいろいろな場面で叫ばれていますが、経営者はとかく財務会計に目を奪われがちです。それはズバリ、会社の決算が気になるから。しかし、財務会計はいわば外部に報告するためのもので、会社経営を行う上では管理会計の方がより重要になります。会社の利益は、個別商品の利益の集合体です。それ故、利益管理に注目した原価管理の重要性を再認識し、DX時代にふさわしい緻密な管理会計を実践してほしいと思います。

真の原価管理は、具体的な製品（商品）単位、さらにはバリエーション単位で行います。実は、そこまで掘り下げないと、「もっと拡販した

い商品」「販売を継続すべき商品」「販売を打ち切るべき商品」がみえて
きません。真の原価管理のポイントを 3 つ挙げます。

 ▶ 採算性の顕在化：どれくらい儲かっているのか、いないのかを見え
  る化する

 ▶ 採算悪化の要因分析：どの部分が悪かったのか、どこをどのくらい
  改良したら販売継続に値するのかを見える化する

 ▶ 原価管理の精度向上：開発費や営業費、間接費を ABC のような分
  析を実施しながら管理する

　原価管理は、「材料費＋加工費＝原価」による原価計算では全く話に
なりません（第 1 章 1.2.5 参照）。上述したように、もう一歩も二歩も踏
み込んで、開発費や営業費、間接費などをしっかりと管理していくよう
にします。固定費の変動費化です。商品に関わるコストの精度を少しで
も上げて、利益を明確にしていきましょう。

2.6.6　予算管理項目に「部品管理費」を入れる

　図表 2-11 は、第 1 章の図表 1-3 と同じもので、部品発生に関わる
固定費計上の費目を羅列してあります（第 1 章 1.2.3 参照）。これらの費
目は会社活動の中においては日常の生活費のように何気なく流れてい
て、問題にする機会もなく顕在化してこなかったのが実態ではないで
しょうか。中でも、新規部品数とか治具・金型費とか期末部品在庫金額
とかは、さながら大きな池のよう。その淵に少し足を踏み込んでいる会
社はありますが、池の大きさや深さがさっぱり分からず問題にしてこな
かった会社が大半のことでしょう。筆者に部品数激減の特命が下ったの

費用発生部門	主な作業内容
商品企画部門	どんな機能をどんな部品で創るかを計画
設計部門	レイアウト設計、寸法のアウトライン 部品構想 類似部品検索 試作用新部品設計・出図
試作部門または 外注先	試作品手配 試作・部品製作・完成 品質保証確率（試験）
設計部門	量産図面設計・出図
調達部門	発注先選択
社内または調達部門	治工具・金型設計・製作 量産試作、強度・耐久試験、品証体制整備
社内または外注先	治工具・金型設計・製作 量産準備、納入ロット、荷姿決定
生産管理部門	生産指示または発注
部品受け入れ部門	取り入れ、品証、在庫・出庫
組み立て部門	組み付け
部品部門	補修用部品取り入れ 補修用部品在庫 補修用部品出庫 補修用部品在庫管理

さあ！これらにいくらの時間（コスト）を費やしたか！社内だけでなく外注先の分はおっと！投資分の金利も計算

この部品・製品でいくら売り上げが、そしていくら利益が増えたか！

図表 2-11 ●部品が生まれる主なステップと固定費の関係
部品が1つでも発生すると、多くの関連部署で固定費が発生します。
（出所：筆者）

　は、社長が深く大きな池があることを見えないながらも悟っていたからだと思います。

　もし、この深く大きな池に「部品管理費」などという名称を与え、見える化して独立予算にしたら、経営は大きく変わることでしょう。経営者レベルの予算会議では、販売促進費や広告宣伝費、福利厚生費などと並ぶ、全社の大きな予算枠の管理対象に加えられ、しっかりと議論されるようになります。そして他の費目と同様、部品管理費についても目標

を設定したら、もはや無関心ではいられません。目標の総額が決まれば、個別予算ができます。すると、部品設計費、部品試作費、品質保証費、治具・金型費などとそれぞれ管理が始まり、担当役員やスタッフたちは、何か問題があれば具体的に掘り下げ、当該期の予算を予算内で全うするよう努めます。そして、それぞれの費目は新機種開発費とリンクし、クロスで管理されるようになるのです。

　こうすればきっと、部品管理費内の各費目、例えば補修用部品費、治具・金型費などにも合理化のメスが入り、技術的にも大きな進化が生まれることでしょう。実際、筆者は現役時代に、部品メーカーのヨロズの庄内工場を訪れ、金型をリサイクルしている（再生金型として生かしている）ことを知りました。このことを、同社が予算管理の観点から発想したかどうかは分かりませんが、治具・金型費、すなわち部品管理費を削減する素晴らしい工夫だったと記憶しています。

　筆者が部品数激減活動を推進していたときには正直、ここまでは気づきませんでした。部品管理費はきっと、社内で最大の予算費目になるほど、大きくて複雑な数字です。そろばんではじいていた管理会計の時代には、こんな複雑な考えは一笑に付されたに違いありません。しかし今や、情報通信技術（ICT）や人工知能（AI）などを駆使できるDXの時代、集約や分析などはいくらでも可能です。特にABCの目線で分析できたら、より有効になることは間違いありません。読者の皆さんも、ぜひ実行してみてください。これまで見えてこなかった不気味な池が、宝の池へと変貌するはずです。

　なお、トヨタ自動車では、原価低減活動であるCCC21と並行して、

2002年度から「BT2（BREAK THROUGH TOYOTA）」活動を推進。「内製競争力の強化」の一環として、「内製原価の見える化」に挑戦しています。具体的には、変動費中心だった管理の範囲を、保全費や償却費などの固定費を含む「発生費用総額」へと拡大し、全体を把握した上で原価改善を図るように改革しました。こうしたBT2活動の終了後も、工場の原価対策については、2006年に専門のワーキンググループを発足させ、費目別評価方法の統一による「工場改善分析システム」を構築しています。

◀ **コラム 現場の裏話［15］** ▶

パートが造る製品とベテランが造る製品、採算がよいのは

　住宅用建材を製造する会社でコンサルティングをしているときのこと。競合する会社同士で、互いの製品をOEM（相手先ブランドによる生産）し合う話が進んでいました。その中で、見掛けの原価から、採算の悪い商品については生産を打ち切る話が持ち上がったのです。具体的には、パートの従業員だけで生産している商品（単純な内窓用サッシ）をなくし、腕利きのベテラン正社員でないと生産できない商品（高級断熱サッシ）を残すという案でした。この話を小耳に挟んだ筆者は、「ちょっと待った。パートだけで生産している商品はむちゃくちゃ儲かっているはずだ」と、ストップをかけたのです。

　実は、社内では、単純な内窓用サッシは採算が悪く、高級断熱サッシは採算がよいと思われていました。これに対し筆者は日頃の直感で、前者は大黒字、後者は修正が多く手作業率が高いことから大赤字とにらんでいました。そもそも、社員とパートでは給与や福利厚生費なども全く異なるということもあります。そこで、ABC（らしき考え）で原価計算をやり直したところ、筆者の直感がズバリ的中（**図表 2-b**）。OEMの話

は、直ちにご破算となりました。

　今思い返しても、コンサルタント冥利に尽きる一件です。経営を誤らないためにも、見掛けの「変動費原価計算」にはよくよくご注意を。

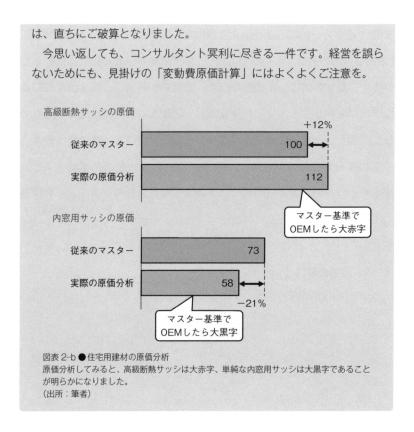

図表 2-b ●住宅用建材の原価分析
原価分析してみると、高級断熱サッシは大赤字、単純な内窓用サッシは大黒字であることが明らかになりました。
（出所：筆者）

2.6.7　部品数を予算化する

　さて、本章の 2.3.3 では、企業もしくは工場全体の部品数のコントロールの仕方について述べましたが、ここではプロジェクトにおける考え方を整理しておきます。

　1つの商品開発プロジェクトでは、当該商品がどれだけの売り上げを上げ、どれだけの利益を生むかを決め、それを目標とします。原価企画という仕事の進め方（管理）では、その目標を達成するために、どのよ

うな商品を創り、どこでどれだけ売り、どれだけの利益を出すか、その
ためにはどれだけの原価であるべきかを順に議論して決定していきま
す。実は、ここで忘れられているのが、筆者が再三指摘する固定費です。

　多くの企業が実施している原価企画の固定費は通常、投資額（治具・
金型費）を指します。確かに、部品数は投資額に関連しますが、新たに
創る部品に対しては開発費や試験・研究費が膨れ上がるのに加えて、
いったん誕生すると、治具・金型、調達、取り入れ・出庫から廃番に至
るまで、関連する多くの管理費が長きにわたって発生します。筆者が繰
り返し主張しているのは、ここを原価企画の段階でしっかりと目標にす
べきということです。

　原価企画を机上で考えた学者さんたちの多くは、部品誕生に伴って発
生する、目に見えない工場内の固定費が積もりに積もって膨れ上がるさ
まを予想できませんでした。しかし、「現場・現物・現実」の三現主義を
貫き、会社が潰れそうになる経験をした筆者にとっては、目に見えない
固定費も必須の管理項目として注目していたのです。

　とはいえ、治具・金型費のように支払額が目に見える費目は管理しや
すいものの、目に見えない固定費は容易ではありません。実は、そんな
厄介な目に見えない固定費をある程度代弁できるのが、部品数。従っ
て、原価企画項目には「新規部品数」を加えるべきなのです。では一体、
新規部品数はどうやって決めたらよいのでしょうか――。

　1部品当たりの管理費はおおむね、工場全体の部品に関連する総諸費
用（建物の面積から構内配膳、運搬管理、在庫、設備、作業員などに関
わる総額）を部品数で割ることでみえてきます。原価企画の段階で、こ

の管理費をいくらまで増やしてよいのか、新たな基準を創り、その基準に沿って開発時の部品数の目標を決めておくことが肝要になります。

　もう1つは、「予定部品数制約」から決める方法です。これは、本章2.3.3で述べた、工場として増加が許される新規部品数の枠のこと。実際には、両者の部品数のうち少ない方を目標にすれば、間違いのない目標新規部品数が設定できます。

2.6.8　管理技術を活用する

　部品数マネジメントにおいて有効なのが、管理技術の活用です。日本では、多くの管理技術が導入されたり生まれたりしてきました。代表的なものとしては、1920年代に紹介された「インダストリアル・エンジニアリング（Industrial Engineering、IE）」、1948年にもたらされた「品質管理（Quality Control、QC）」、そして諸説ありますが1955年に導入されたVE。これらは三大管理技術と称され、多くのものづくり技術者が学び、そして多くの応用技術が生まれてきました。

　その代表格が、IEに関連する、トヨタ自動車のトヨタ生産方式です。日本の多くの企業が現場改善ツールとして導入するだけではなく、世界中に「KAIZEN」のイメージで浸透。中でも、本書のテーマである部品数や在庫に関連するJITは、工場のムダな在庫をなくす管理技術として広まりました。トヨタ生産方式の本流で学び、たたき上げられた人たちの中からは、国際的に通用するコンサルタントが輩出されています。一方、筆者が確立したテアダウンは、VEの関連技術として多くの企業に浸透し、類似品検索や比較分析に活用されてきました。

　ただし、筆者の目からすると、部品数マネジメントや部品数問題に関与する関係者の間には、これらの管理技術は今一つ浸透・利用されていないと感じています。残念なのは、机上論者は多くいるものの、三現主義者が極めて少ないこと。先ほど、目に見えない固定費のところでも指摘しましたように、机上論者は理想形を語りますが、現実と微妙にズレているところが間々あります。そのため、管理技術の本質に依拠する効果を引き出せないこともしばしば。一例をお話ししましょう。

　筆者がコンサルタントとして、ある建設機械メーカーへ出向いたときのこと。ある部屋に「テアーダウン室」と看板が掲げられていたので、テアダウン創始者としては興味津々で中を覗いてみたところ、何と同社の建設機械の一部が置いてあるだけでした。分解していないどころか、他社の比較品さえありません。そこで担当者に確認すると、テアダウンを推進する職場の管理者から、「部品を並べることがテアダウン」と学び、その通りに実施したとのことでした。テアダウンの正しい進め方を理解していないため、「異常」であることにさえ気づかないのです。そこで筆者は担当者に、「分解すれば、それまで見えなかったところに相違点、すなわちアイデアがあることに気づく」「比較する相手が多ければ多いほど、いろいろなアイデアが出てくる」などと指導しましたが、次に訪ねたときも、テアーダウン室の中は何も変わらず建設機械の一部を置いているだけ。聞けば、部長が変えることをためらっているとのことでした。

　管理技術の活用のポイントをまとめましょう。

　▶ 管理技術を知っているつもりでも、その本質から得られる効果が

必ずしも発揮されていないケースが多くみられます。とりわけ原価企画への活用に関しては、まだまだ踏み込み不足と言わざるを得ません

▶ 管理技術を上手く使えば、大きな効果が得られます。例えばテアダウンの比較分析手法であるスタティックテアダウン（Static Tear Down）やマトリックステアダウンを活用すれば、問題発見はもっと容易になりますし、解決スピードももっと速くなります。トヨタ生産方式のムダ・ムラ・ムリの視点から共通する工程や材料をあぶり出せば、種類数削減の機会が得られます

▶ 何も本格的に VE を実施しなくても、実は、効果は簡単に出てきます。VE の基本である「それは何のために？」と、ものの機能を尋ねるだけで問題点が明らかになったり答えが見えてきたりするようになります

▶ QC7つ道具[注2-4]のうちの1つでも、対象テーマに活用してみるだけで、問題が浮き彫りになったり改善案の一端が出てきたりします。それをもう一ひねりして、さらによい答えを導けるようになればいうことはありません

▶ 材料や工程の共通化は、分析の仕方によりさまざまな問題提起ができます。例えば、従来なら少しでも安価な材料を採用しようと考えるところ、材料の交換時間や小ロットの材料購入などを鑑みると、少々高価な材料でも他部品と共通化して大ロットの材料を使用した方が実は安くなる、といった具合です。このように、原価計算にも管理技術（コスト分析法）は欠かせません

　ここに挙げた5つのポイントは、現場・現物でこそ効果を発揮します。コロナ禍の影響で在宅勤務やリモートワークが多くなってきたために、技術者は現場・現物からどんどんと離れています。三現主義の筆者としては、不安で仕方ありません。

注2-4）QC7つ道具：統計データをはじめ数値で品質管理を定量的に分析するためのツール。パレート図、ヒストグラム、散布図、特性要因図、チェックシート、グラフ、管理図があります。

2.6.9　部品数マネジメントの機能系統図

　以上、部品数マネジメントのポイントを解説してきました。それを整理したのが、「部品数マネジメントの機能系統図」です（図表2-12）。ご覧いただいてお分かりの通り、これを実践するには、トップの理解と組織的な取り組みが必要になります。しかし確実にいえるのは、これを実践すれば、部品数削減の道が開け、引いては経営的にさまざまな果実が得られるということです。

2.7　売り方を変える

2.7.1　言いなり受注からお勧め販売へ

　商品バリエーションや部品数を減らし販売力を高めるには、売り方自体を見直す必要があります。ここでは、どのような売り方にすべきかを解説していきますが、その考え方については生産工程などにも応用できます。

　一般耐久消費財の中でも、特に乗用車などでは、メーカーオプション

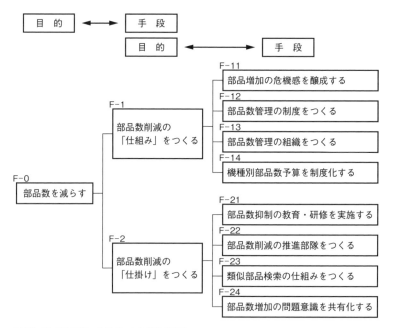

図表 2-12 ●部品数マネジメントの機能系統図
これを実践すれば、さまざまな果実が得られます。
（出所：大西正規氏）

とかディーラーオプションとか称し、お客様好みの仕様に組み替えることを売りにした時代がありました。しかし最近では、バリエーション数もカラーも絞るなど、重点志向戦略、筆者がいう「お勧め販売」戦略が取られるようになってきました。

　これに対し、商用車のような耐久消費財では、しばしば「客先ニーズ」としてお客様の嗜好を組み入れて設計することがまだまだ残っています。とりわけ重機械や船舶になると、商用車とは比較にならないほど客先ニーズが強く出てきます。筆者がコンサルタントとして経験した住宅や発電所もしかり。まさに「お客様は神様」で、客先ニーズに応えよ

うと部品数（設計数）はどんどんと増加する傾向にありました。

　確かに、最前線に立つお客様が要望するニーズは、多くが現実的なものです。ただし、お客様は自身の世界、自身の文化、自身の目線の範囲で趣向を述べています。これに対し設計者は、多くのお客様の声を聴き、多くの現場の使用状況を想定しながら設計し、そのために必要なデジタル技術や材料、インフラなど最新の情報を豊富に入手しています。こうしたことから、お客様と設計者の間で離齬を来すことが間々あるのです。

　その最たる例が、お客様の持っている情報が古すぎるとき。しかし、お客様に面と向かって、「それは古い仕組みで…」とはなかなか言えません。その挙げ句、古い材料や古いシステム、古い構造などを新たな商品に組み入れ、その後の製造工程やメンテナンス・補修などで対応できない、あるいは対応に悪戦苦闘するといったことがしばしばあります。こうしたお客様の「言いなり受注」は限りなく部品を増やすと同時に、設計はもちろん、関連部署の負荷をどんどんと増やしてしまうのです。

　だからこそ、進めなければならないのが、お勧め販売。案件が上がってきたら、お客様の感情を損なわないようにしつつ、市場の最新技術動向や他社の使用方法・要領などさまざまな情報を提供し、未来志向の商品になるよう理解を求め説得します。このことに関連し、筆者には苦い経験があります。

　お客様は電力会社でした。彼らが管理する発電所は、定期的に停止してメンテナンスを実施します。排ガスから硫黄分を除去する脱硫装置も例外ではなく、筆者はある提案をしました。それは、第3章で解説する

モジュール化の考えを取り入れ、脱硫装置のタンクを大型タイプ1基に集約するのではなく、小型の標準タイプを用意し、必要容量に応じて複数基設置するよう求めたのです。こうすれば、現地で溶接や組み立てをする大型タイプとは異なり、工場で製造し納入できることから、標準化や品質が安定する、納期が短くなるなどのメリットがあります。何より、メンテナンス時には、標準タイプの複数基を順に点検していけばよいため、1基の大型タイプのときのように発電所全体を止める必要がない上、メンテナンス要員の平準化も図れます（図表2-13）。

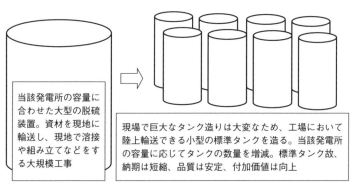

当該発電所の容量に合わせた大型の脱硫装置。資材を現地に輸送し、現地で溶接や組み立てなどをする大規模工事

現場で巨大なタンク造りは大変なため、工場において陸上輸送できる小型の標準タンクを造る。当該発電所の容量に応じてタンクの数量を増減。標準タンク故、納期は短縮、品質は安定、付加価値は向上

図表2-13 ●脱硫装置のモジュール化
タンクを大型タイプ1基から、標準タイプ複数基に変えるよう提案しましたが、没に。
（出所：筆者）

　この一石数鳥もの提案に対し、設計者は小躍りして喜んでくれました。ところが、です。肝心の発注者、すなわち電力会社が、「従来の文化を変える意向は全くない。しかも、他の装置は結局一斉に止めることになるため、脱硫装置だけ改良してもあまり意味はない」と一蹴し、時代先取り・大幅原低・高効率メンテナンスの画期的なアイデアは没になっ

てしまいました。

　この失敗事例から学ぶのは、停止しないことの重要性を認識していないお客様自体の問題もありますが、提案側の説得姿勢にも大きな問題があったと考えています。具体的には、大事な根回しをしなかったこと。コンサルタント時代に、建機を要望するお客様を中国・上海までお連れし、世界的な建機ショーの場を借りて現地・現場・現物でお客様の理解を促したことがありましたが、そうした根回しのチャンスを失わないようにすることが肝要です。

◀ コラム 現場の裏話［16］ ▶

現場・現物で言いなり受注だった観光バスをお勧め販売に

　部品数激減活動で大きく壁のように立ちはだかったのは、観光バスでした。「○○観光」「△△交通」「◇◇バス」など、運行会社によってボディーカラーを変えるのはやむを得ないとして、室内のシャンデリアやシートの生地・模様、座席周りの物入れなども、各社各様の仕様が指定されてきました。

　中でも最も困ったのが、シャンデリアです。お客様から要望されたタイプが古すぎて、既に市場では流通していません。しかし大口の観光旅行は、3台、4台、5台と連なって行きます。1号車と2号車であまりにも仕様が異なると、「お客様に不公平感を与えてしまう」という懸念から、運行会社は一歩も引かず、結局シャンデリアは特注することになりました。

　とはいえ、いつまでも言いなり受注をしているわけにはいきません。部品数激減活動を通して、系列のバス製造会社の倉庫が空き始めたことから、そのスペースを展示室に改良し路線バスと観光バスをそれぞれ1台ずつ展示することにしました。無論、この2台はお勧め仕様車です。

　商談の際は、お客様を必ず展示室にお連れし、お勧め仕様車のメリットをとうとうと説明しました。「照明は球切れでも、すぐバルブの補給はできます」「シートは生地が切れにくい上、肌触りがよい」。こうした努力が実を結び、お客様には路線バスも観光バスもお勧め仕様を理解してもらえるようになりました。実際、観光バスの大半は標準仕様（お勧め仕様）に、路線バスも「前乗り」「後ろ乗り」などのシステムを残しつつ、行き先表示盤などは標準仕様になりました。やはり現場・現物には大きな威力があります。

2.7.2　ベース＋オプション戦略

　続いては、お客様の言いなり受注にならない、別のアプローチを筆者の経験を踏まえて紹介しましょう。

　筆者が勤務していた自動車メーカーは、完成車の販売が主体でしたが、ときにはエンジンだけを、あるときにはフレームにエンジンやタイヤ、運転席を付けたシャシーを架装メーカーに販売するケースがありました。恐らく自動車業界だけではなく、電機業界や重工業界などでも、モーターなどコンポーネント単位で各種機械メーカーに販売する機会は多いと思います。最近では、コンピューターの一部を警備機器メーカーやロボットメーカー、自動機器メーカーに販売するといったビジネスも増えています。ただ、こうしたビジネスでは言いなり受注になるケースが多く見受けられます。それだと、都度設計になる上、納期もかかる、品質も安定しない、アフターマーケットでの対応も大変になるなど、いいことはありません。そこで、筆者がお勧めするのが、第3章で詳しく解説するモジュラーデザイン（Modular Design、MD）の考え方を取り

②アプリケーション1：基本モジュールの周囲に装備されるであろうお勧めアプリケーションを整備し、お客様に選んでもらう（選択設計）

③アプリケーション2：受注することがまれな場合や極めて特定の顧客の場合には、アプリケーションは販売店や地場産業に委ねる

①最適設計を施した基本（ユニット）モジュール

図表2-14 ●アプリケーション戦略の考え方
まずは、ベースモジュールを最適設計し、その周囲に装備されるアプリケーションを2段階で整備します。
（出所：筆者）

入れたアプリケーション販売です。お勧め販売の1つの方法といえます。

　図表2-14をご覧ください。アプリケーション販売をするために、①〜③のモジュラーデザインを実施します。

① ベースとなる部品（ユニット）モジュールを最適設計化しておきます。ここで、お客様から意見されるようでは話になりませんので、申し分のないベースモジュールを設計してください

② ベースモジュールの周囲に装備される、お勧めのアプリケーションを整備し、お客様に選んでもらいます。例えば、ベースモジュールがエンジンの場合、クーリングファンやエアクリーナーなどの用途別に「法則を持ったレンジの部品」を準備します。お客様にすれば、準備されている部品には、成形型はある、品質は保証されている、サービス部品はいつでも補給される（即入手できる）、など多くのメリットがあります

③ 受注がまれであったり、ごく特定の顧客専用だったりするアプリ

　ケーションの場合には、販売店や地場産業に委ねるようにします。

　そして、これを避けるために、②を再考するようになります

　こうした体制を整えておけば、「ここはこうしてくれ」といった細か
な要求はなくなります。実際には、アプリケーションの内容をマニュア
ル化し、特定のお客様に配っておけば、いつでも選んでもらえます。筆
者は、**図表2-15**のような「アプリケーションマニュアル」を制作し、
お客様に配布して特注を防ぐようにしました。お客様は、好みのアプリ
ケーションをマニュアルの中から選び、部品番号を指定すると、即入手
できて直ちに性能確認などが行えます。

　ちなみに、**図表2-15**のアプリケーションマニュアルの下に見える左
の図はクーリングファンを、右は同ファンを固定しつつエンジンとの間

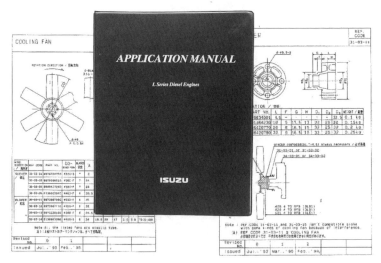

図表2-15 ● アプリケーションマニュアル
お客様はこの中からアプリケーションを選択します。
（出所：筆者）

隔を調整するファンスペーサーを示しています。エンジンの使い方は大きく、発電機のように回転数がほぼ一定の場合と、建設機械のように高速にしたり低速にしたりと回転数が変動する場合の2つに分かれます。こうした使い方によって冷却の仕方も変わるため、エンジンを購入するお客様がこのアプリケーションマニュアルの中から最適なアプリケーションを選択して整備します。このように、アプリケーションマニュアルは、部品数削減のみならず、お客様の商品購入をサポートするツールにもなるのです。

　さらに、アプリケーションマニュアルを作ったところ、自ずとエンジン側も機種間で同じものが使えるようにと、共通化やモジュール化が進みました。例えば、ファンを取り付ける寸法は小型グループ、中型グループなどと共通化され、特に小型グループについては全てのエンジンに取り付けられるようになりました。

　実は、この種のマニュアルは、同業他社も制作しているのに気づきました。アプリケーション（サービス部品）の多様化を防ぎながら、共通化や共用化、納期短縮を進めている企業がだんだんと増えてきている証拠です。アプリケーション戦略は、重要な部品戦略として裾野を広げつつあります。

2.7.3　生産設備への応用

　上述した、ベースモジュールとオプションの考え方は、実は、製品以外にも応用できます。半導体部品を造る工場の事例で説明しましょう。

　半導体関連の産業の構図は、自動車や電機のそれとよく似ています

が、自動車産業のように、フルモデルチェンジ⇒フェイスリフト⇒マイナーチェンジ⇒フェイスリフト⇒フルモデルチェンジといったモデルチェンジのサイクルは存在しません[注2-5]。ソニーや韓国サムスン電子といったアッセンブラーが新たな半導体商品を企画すると、それを実現すべく、主要なユニットモジュールや電子部品モジュールなどを製造する部品ユニットサプライヤー、さらには同サプライヤーに部品を納入する部品サプライヤーが猛スピードで対応します（図表2-16）。

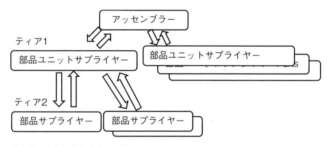

図表2-16 ● 半導体関連の産業の構図
アッセンブラーの下に、主要なユニットモジュールなどを製造する部品ユニットサプライヤー、同サプライヤーに部品を納入する部品サプライヤーが存在します。
（出所：筆者）

注2-5) 自動車業界では、フルモデルチェンジ⇒フェイスリフト⇒マイナーチェンジ⇒フェイスリフト⇒フルモデルチェンジといったサイクルをMCC（Model Cycle Chart）と呼びます。実は、近年は、全くマイナーチェンジを行わずに、初期モデルを売り続け、一定の年月が経過した後にフルモデルチェンジする自動車メーカーが増えたようです。これは、新規部品の大きな抑制につながります。

　そのスピード感は、自動車業界や電機業界とは全く異なり、短時間で納入体制を整えます。このことは、例えば我々が日々手にしているスマートフォンなどで、ある1社が5G対応のスマホを発表すると、競合他社が間髪を入れずに続く様子をみると、うなずけます。
　そして、この業界では通常、次のようなステップで開発業務をこなし

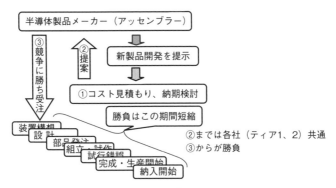

図表 2-17 ●受注競争から納入開始までのプロセス
スピード感のある半導体の世界では、期間短縮が勝負になります。
（出所：筆者）

ています（図表2-17）。アッセンブラーから新製品開発の提示がある
と、コストの見積もりと納期を検討し（①）、無理を覚悟で提案します
（②）。そして、受注決定の報告を受けると（③）、生産サイドは納入まで
のプロセスを必死に頑張ります。

　そこで、ある半導体部品製造会社は製造装置にモジュール化を導入し
ました。半導体部品の工程は受注品の内容によっても変わりますが、加
工素材投入⇒加工⇒搬送⇒検査⇒加工⇒搬送⇒検査⇒…といった具合
に、加工工程と検査工程、両工程をつなぐ搬送工程が何回か繰り返され
ます。この会社は、部品設計と同様、加工工程と搬送工程と検査工程で
「群」を成すことができると考えたのです（図表2-18）。もう少し具体
的に話しましょう。

　図表2-19は、実際の加工ラインです。各部品によって工程数などは
変わりますが、構成はだいたい同じ。先頭の材料供給工程は、素材が線
材だったりフープ材だったり、はたまた他工程で加工された部品だった

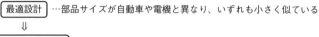

最適設計	…部品サイズが自動車や電機と異なり、いずれも小さく似ている
⇓	
法則を持ったレンジ	…これで装置のベース設計は準備が整い、選択設計を行えばよい。生産設備のベースが整う
⇓	
オプション	…仕様によっては、オプションを追加。まさにモジュラーデザインのプロセス

図表2-18 ● 半導体部品の構成
最適設計を実施するベースモジュールと仕様によって異なるオプションで構成されます。
（出所：筆者）

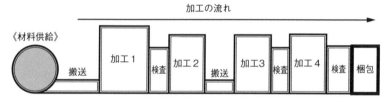

図表2-19 ● 半導体部品の加工ライン
部品によって工程数などは変わりますが、構成はだいたい同じ。
（出所：筆者）

りします。ここからスタートし、加工工程へ。アプセットや曲げ、カシメなどを施し、続く検査工程では、カメラなどで検知し異常部品を自動的にはじき出します（**図表2-20**）。

　上述した通り、各加工ラインはほぼ同様の構成で、製品形状を造り出す工程だけが異なります。そこで、この会社では、製品形状を造り出す工程を除いた残りの工程を「予備機」として準備しておく方法を考えたのです。部品にならっていえば、予備機がベースモジュールに、製品形状を造り出す工程がアプリケーション（オプション）に相当します。このため、受注したらオプション部分だけを構築しセットすれば、加工ラインが出来上がります。結果、スピードが求められる半導体関連の世界

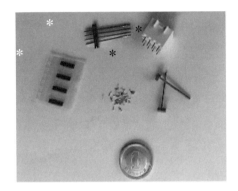

図表 2-20 ● 半導体の部品
極めて細かく、写真中央（1 円玉のすぐ上）にある部品は
まだ大きい方。写真には写りませんが、粉末に近いよう
な部品もあります。
（出所：筆者）

この箇所のみが製品対応
のオプション部。後は全
てメーカー標準品

図表 2-21 ● 部品投入用のパーツフィーダー
今では、多くの企業がベースモジュールとオプションの考え方を導入するようになってきま
した。パーツフィーダーについては秘匿性が高いため、ここでは一般的な事例を紹介してい
ます。
（出所：市販品カタログ）

で、極めて短納期での対応が可能になるのです。さらに、加工ラインが
標準化されているために、実際の加工ラインで故障が出ても、準備して
ある予備機をすぐに充当できるというメリットもあります。

　もう 1 つ、この会社の例を紹介しましょう。**図表 2-21** は、加工工程
の最初に使われる部品投入用のパーツフィーダーです。従来は、いろい

ろなタイプのパーツフィーダーを考案、もしくは改造して使用していましたが、社内で協議の末、汎用性が最も高い、故障が少ない、メンテナンスがしやすい、すなわち最適設計と考えられるパーツフィーダー2機種を市販品から絞り込みました。これらをベースに、受注製品の形状に合わせる必要のある箇所だけを設計することにより部品投入も対応できるようになったのです。これも、ベースモジュールとオプションの考え方にほかなりません。

実は、他の搬送や検査の工程でもベースモジュールとオプションの考え方が生かせると分かり、この会社では各工程でベースモジュールをあらかじめ1セット準備しておくようになりました。

◀ コラム 現場の裏話 ［17］ ▶

想像を絶する短納期を実現するには

自動車業界で育った筆者が、コンサルタントとして半導体関連業界に足を踏み入れたときに大変驚いたことがあります。それは、開発期間。想像を絶するほどの短納期でした。

当初、短納期を支援するアドバイスは容易には見つけられませんでした。しかしあるとき、現場・現物を見ていたら、各加工工程が極めてよく似ていることに気づいたのです。例えば、材料を曲げたり潰したりするアプセッタの工程と他の加工工程を比較すると、形状を造り出す工程だけがそれぞれ専用の装置を使い、それ以外の工程に関してはほぼ同じような装置で構成されていたのです。

そこで、専用の工程を除き、他の加工工程と共通しそうな工程については、あらかじめ一式準備しておくことを提案。すると、急な納期にも対応できるようになりました。従来は、専用の加工装置や搬送装置、検査用のカメラなどを発注し、納入後にチューニングしてから対応してい

たのに対し、専用の工程だけを準備すればよくなったからです。これにより、受注が次々と決まるようになりました。

受注の獲得だけではありません。短納期の実現やコストの低減も果たせるようになりました。自動車業界で身に付けたベースモジュールとオプションという考え方が、畑違いの半導体関連業界においても全く予期しないメリットを生んだのです。

2.8 補修用部品のマネジメント

2.8.1 補修用部品補給の実態

家電業界では久しく前から、補修用部品について補給期限を宣言し、一定期間が過ぎたら供給しなくなりました。一方、自動車業界では新型車が市場に登場すると同時に、基本的にはBOMに記載されている部品全てを補修用の純正部品として管理が始まります。ここで「同時」と述べましたが、購入してすぐの試運転中に早くもぶつけてしまい、ランプを壊したりミラーを壊したりといったことがあるため、文字通り発売と同時に準備しているのです。

一般に、高価な機械や建設機械、長寿命の機械類に関しては自動車と同様、長期にわたって補修用部品が供給されます。聞くところによると、鉄道などの車両関連では、廃車になるまでの30～40年の間、補修用部品の供給が義務付けられているようです。

ただ、補修用部品の供給期限が長い商品、例えば自動車や産業機械、農業機械などでは、一定期間は全く同じ純正部品を供給しますが、それ

を過ぎると、いくつかの車種の補修用部品は1種類に統合して供給し、お客様の方で自分の車に合うように調整するケースもあります。例えば、お客様には色違いの補修用部品が届き、それをお客様自身や販売店の方で自分の車の色に塗装し直すといった具合です。

この過程で、統合された部品については供給が止まります。すなわち、その部品番号は「死」となりますが、自動車業界を含め、ここをきちんと管理（廃番）できている業界や会社はあまりありません。結果、部品番号はコンピューターの中に延々と残り続けるため、コンピューターの大容量化で対応していくことになります。

他方、業種や会社の方針によっては、「部品販売は行いません」と、堂々と補修用部品の供給を断るケースもあります。実際、数万円程度の消費財では、補修用部品の供給期間が過ぎると「寿命」と諦め、最新鋭の商品に買い換えます。このように、補修用部品の対応については、商品によってさまざまです。

2.8.2 補修用部品事業は儲かるか

よく補修用部品事業は「採算性がいい」と聞きますが、本当でしょうか。コンサルタントとして訪問していた、ある大手建設機械メーカーの話を紹介しましょう。

このメーカーの倉庫には、十数万円する補修用部品がぞろぞろと寝ていました。管理者たちは補修用部品事業について、「このビジネスはおいしい」と口をそろえるので根拠を尋ねると、「売価−購入価格＝粗利」の方程式から利益が出ているというのです。確かに、総額を聞くと、と

てつもない数字に驚きます。

　ところが、です。補修用部品は必要になると即納入を求められます。建設機械の部品の代用品はまずないので、材料の手配から始めると、発注から納入まで数カ月かかることはざらです。これだと即納入できないため、通常は5台分とか10台分とかをまとめて発注しバッファーとして倉庫に置いておきます。この種の部品はだいたい、1年に2〜3台受注するレベル。バッファーが2台まで減った時点で次の発注をする発注点管理方式を用いている会社もあると聞きます。

　このように、補修用部品は倉庫に何年も保管されているものがあります。すると、数カ月ごとに防錆処理を施したりメンテナンスをしたりしなければなりません。重量がかさむ部品については、棚の上に置けないので平置きスペースが必要になります。

　さて、ここで原価を考えてみましょう。ここまでに登場した直接費や間接費には何があるでしょうか。

▶ 直接費：発注者の人件費、発注作業費、部品管理費（点検や防錆処理）、梱包費、入金管理費、購入費など

▶ 間接費：事務員の人件費、事務所費、設備償却費、保管場所費、運搬機材費（フォークやクレーン）など

　加えて、部品が寝ている間の金利、長い保管で痛んだりして使えなくなる棚卸減耗費などがかかってきます。ここまできちんと原価計算をしたら、補修用部品事業は果たしておいしいビジネスといえるのでしょうか。逆に、保管倉庫を工場として活用したらどれくらい稼げますでしょうか。

　補修用部品が必要なのは、耐久消費材の中でも高額なものが多いよう
です。特に、自動車や移動式重機械には車検制度があり、必ずしも壊れ
ていなくとも交換することがあります。使用するシーズンが限られてい
る農業用機械については、使用しない間に劣化が進んだりすることか
ら、シーズン前に必ず点検し、壊れそうな部品や機能が低下している部
品を交換してからシーズンに入ります。こうした業界では、補修用部品
も一定の需要がありますが、そうではない一般の機械類については、補
修用部品事業はとてもおいしいビジネスであるとは思えません。

　補修用部品事業を評価する際には、まず、真の収益計算をしてみる必
要があります。その際、資金が金利まで含めて「死金」になっていない
か、資産が「死産」になっていないかを確認することがとても重要にな
ります。

　第1章のコラム「現場の裏話（3）部品を減らしたら、新型コロナウイ
ルス対策に役立った」では、補修用部品倉庫の跡地が大病院に変わった
事例を紹介しました。これは、部品数激減活動の最中に、補修の基準を
定め、不要な補修用部品を処分した、すなわち死金と死産を整理した結
果といえます。

2.8.3　補修用部品の削減方法

　このように、補修用部品にはさまざまな原価がのしかかってくること
から、補修用部品のマネジメントもとても重要です。ここでは、補修用
部品の削減方法として3つの考え方を紹介しましょう。

①　補修用部品の供給を一定期間でやめる

　筆者が勤務していた自動車メーカーは、防衛庁（当時）向けに軍用ト
ラックを製造し納入していました。その契約では、補修用部品の納入義
務が課せられ、「要求があれば、必要となった場所まで納入する義務」
がありました。同庁向けの納入品に関しては恐らく、自動車だけではな
く、多くのものにこうした補修用部品の供給義務があることと思われま
す。ただ、このように補修用部品の供給義務が課せられるケースはごく
まれで、通常は製造した企業のサービスポリシーに基づいて補修用部品
を供給するケースが大半です。

　例えば家電製品は近年、サービスの期限を取扱説明書にうたい、補修
期限を明確にするようになってきています。実際、パナソニックのWeb
サイトを見ると、補修用機能部品の保有期間を告知するページがありま
す。それによると、製造を打ち切った後の補修用機能部品の保有期間
は、冷蔵庫で9年、テレビで8年、洗濯機で7年などと、商品ごとに明
示されています。

　話を、筆者が勤務していた自動車メーカーに戻すと、補修用部品に関
しては「最後の1台が生きている（市場で使われ続けている）限り供給
する」というポリシーがありました。しかし、これをずっと続けていて
は、会社の存続が危ぶまれます。そこでポリシーを変え、補修用部品の
供給に一定の条件を設けるようにしたのです。他の自動車メーカーも、
公開はしていませんが、同じように部位別に補修期限を設けています。

　つまり、お客様に対してはどこかで「ごめんなさい」をし、補修用部
品の供給をやめないと企業は持たなくなります。どこで、「ごめんなさ

い」をするか──。思案のしどころです。

②　互換性設計を適用する

　製造元のメーカーとしては、商品を大事に使うお客様には、いつまで
も使い続けてほしいと思うもの。その点、家電業界では、メーカー間で
互換性のある補修用部品が登場し、補修サービスが向上しています。テ
レビやエアコンのリモコン、掃除機のごみ収集袋などが代表例です（た
だし、掃除機は再び多様化し始めており、メーカー間の共有化が崩れ始
めています）。

　一方、自動車業界では、他社の車との共用化はあまり聞きません。あ
るとしたら、電球くらいでしょうか。自動車メーカー各社はむしろ自社
内において、モデルチェンジした車やブランド違いの車の部品間を共用
できるような工夫を凝らしています。

　その1つが、互換性を考慮した設計です。これはとても重要な設計思
想にもかかわらず、大半の自動車メーカーは、新規設計時にここまでは
実施していません。考え方としては、補修用部品として出やすい部分は
従来部品を用い、どうしても共用できない部分だけは新しく設計する。
要は、一体化された部品を分割し、共用部品と専用部品に分ける戦略で
す。設計者には、全てを新しくするのではなく、本当に新しくすべき部
分を見極め、共用部品（従来部品）と専用部品（新規部品）に分割する
設計技術が求められます。

　もう1つが、「組互換」です。単品同士では互換性がないものの、補助
部品を付けることで互換性が取れるようにします。例えば、配線類や配

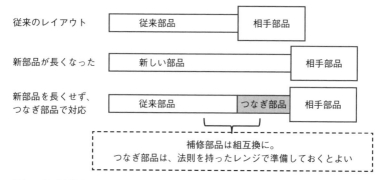

図表 2-22 ● 補修部品の組互換の考え方
組互換は、新部品を造らずに、従来部品とつなぎ部品で対応します。
（出所：筆者）

　管類をレイアウト変更に伴い少し長くしたいという場合、長い新部品を造るのではなく、従来部品を生かしながらつなぎ部品を作って対応するのです。つなぎ部品は、レンジ化していくつか準備しておくと便利。スペーサー、ブラケット、コネクターなどのつなぎ部品と従来部品のセットで組互換します（**図表 2-22**）。

　ワイヤーハーネスなどで極数が変わったときなども、この組互換を活用すると、大きな部品が増えることなどはありません。使わない極が生まれることはありますが、似たような大きな部品を補修用部品として持たずに済みます。いわば、大は小を兼ねる戦略といえます。

　こうした工夫は、新規設計時に設計者が気づいて手を打つか、設計構想書の段階でマネージャーが設計者にアドバイスすると、設計技術として伝承されていきます。ここで紹介した考え方は、実際に部品数激減活動の中で実行されたもので、補修用部品の在庫量の減少と在庫金額の削減に大きく貢献しました。

③　廃番にしたらお詫びする

　本来であれば、お客様に対してはいつまでも補修用部品を供給し、商品を長く使用してほしいものです。とはいえ、補修用部品も1つのビジネス。部品数激減活動では、やむなく補修用部品の供給に対する基準を見直し、以下のような制度に切り替えました。

　まず、荷動きが止まった補修用部品について。補修用部品として保管しながら、「○年間」全く荷動きがない部品は、その年度末の棚卸で廃却、廃番にしました。その後、受注が入った場合には、お客様に対し、「申し訳ございません。もう部品はありません」とお詫びし理解していただきました。

　続いて、荷動きがわずかにある部品について。数年前からの出荷実績をベースに、「補給期限＋α」分を造りだめしました。この時点で、治具や金型類は廃棄に。補給期限がきたところで、その部品は廃却、廃番にしました。その後の受注への対応に関しては、荷動きが止まった補修用部品と同様、お詫びし理解していただくことにしました。

　ちなみに、実際にお詫びしたのは、前者の荷動きが止まった補修用部品では2～3件ありましたが、後者の荷動きがわずかにある部品では一切ありませんでした。

◀ コラム **現場の裏話［18］** ▶

補修用部品対策で同部門に設計経験者数十人を投入

　筆者が推進した部品数激減活動では、補修用部品部門に設計経験者数十人を投入し、補修用部品の互換性対策を講じました。同部門でCAD

データを検索できるようにしたり、一部の補修用部品については互換性を確保するため設計変更したりしました。組互換という言葉は、彼らの一連の作業の中から生まれたものです。

　当然のことながら、こうした工夫を設計時点で実施しておけば、補修用部品で改めて対策をする必要はなくなります。これこそが「よい設計」といわれるものです。

3

第 章

モジュラーデザイン

いよいよ、部品数の増加を防ぐための具体的な解決策を提示します。それが、「モジュラーデザイン」です。追々説明しますが、同デザインとは、「最適設計を施したベースモジュールを、法則を持ったレンジにより構成された部品群から抽出した、最適な部品の組み合わせで、最適なユニットモジュールを創る」こと。これを実践すれば、必ず部品数は削減できます。本章では、その手法を詳しく解説すると共に、モジュラーデザインを導入し大幅な部品数削減を果たしたオイルレベルゲージの事例を紹介します。

3.1 モジュラーデザイン誕生の背景

「Module」という単語を英和辞典で調べると、「測定の標準、基本単位、(互いに)交換可能な構成要素、…」とあります。そういえば、住宅などの建築関係では「尺モジュール」「m(メーター)モジュール」などといった具合に、モジュールは英和辞典の通り、基本単位という意味合いで使われています。これに対し、本章の中で解説するモジュールは、ちょっと違う使い方になります。

ここまで述べてきた通り、筆者は、勤務先が経営危機に直面した1991年から1995年春まで、部品数激減活動の主座を務めていました。しかしもともとは、専門のバリューエンジニアリング(Value Engineering、VE)やテアダウン(Tear Down)などを駆使し、目標コストでものづくりを推進するのが仕事。1996年の暮れには、日経BPから雑誌『日経

メカニカル』に「元気の出る VE」というコラムを設けたいと、1 年間（結果的には 2 年間）にわたる投稿依頼を受け、翌 1997 年 4 月から連載を開始しました。

　筆者は、依頼のテーマに沿って、自分の経験を毎月つづっていました。そしてあるとき、モジュール化について書き始めると、時をほぼ同じくして、同誌編集長（当時）の藤堂安人氏が、当時話題性が高かった日産自動車・マツダのモジュール化の記事を取り上げたのです。これに対し筆者は、「2 つの異質なモジュール化が同じ雑誌に登場するのは、いかがなものか」と具申したところ、同氏は、「まだ世間では、モジュール化が定説になっていないため、2 つのモジュール化をそのまま紹介していこう」と判断し、同誌で 2 種類のモジュール化の話題が進行したのです。ちなみに当時、欧州ではドイツのダイムラー・ベンツ（Daimler-Benz、現 Daimler）や BMW、フォルクスワーゲン（Volkswagen、VW）が、米国ではゼネラルモーターズ（General Motors、GM）やフォード・モーター（Ford Motor）が日産自動車と同様のモジュール化を進めていました。

　本章で取り上げるテーマには、「部品のモジュール化」と「ユニットのモジュール化」の大きく 2 つがあります。そもそも、これら 2 つのモジュール化は目的も手法も異質なら、誕生や生い立ちの背景も別。しかし、部品があってユニットがあることから、両者には重要な接点があります。さらに、両モジュール化は、それぞれニーズがあって今日の姿になっています。ここでは、こうした観点からもまとめていきたいと思います。

欧米の自動車産業では、各社でモジュール化（ユニットモジュール）の目的は微妙に異なっていたようですが、ユニットの形態や運営の仕方はほぼ共通でした。振り返ると、こうした生産方式は、コンベア上で量産品を造る方式から一歩踏み出したもので、ものづくりに大きな変革をもたらしたように思います。

3.1.1 部品モジュール

それでは、部品モジュールから説明していきましょう。

部品のモジュール化は、いかに部品数を少なくしてビジネスを継続・発展させられるかという問題意識から始まった部品設計の考え方です。日本能率協会が開発した「バラエティ・リダクション・プログラム（Variety Reduction Program、VRP)」も、よく似ています。VRP は、部品数や工程数を増加させないような仕組みをつくり、それに適した作業の方法を検討する手法。筆者がオイルレベルゲージを対象に、いかに部品種類数を減らすか、いかに部品増加を防ぐかという観点で改善を進めていくうちにたどり着きました。そのときには、特段 VRP を意識してはいませんでした（本音は、浅学で、応用できるほど学んでいませんでした）が、これにより開発の効率化や初期投資の軽減を図ることができました。自動車産業だけにとどまらず、多くの産業において生産性向上や開発期間短縮のツールとして有効です。

さて、部品のモジュール化は、製造業各社が「共通化」や「標準化」などと称して進めてきた設計を、「最適設計化」という技法として確立したものといえます。本章では、筆者の経験を基に、技術的内容を詳述

し、部品に限らず、生産設備や装置にも適用できる技法であることを事例と共に紹介します。

筆者は、部品数激減活動を大々的に展開してきた中で、マネジメントの方法や設計思想、設計手法を改善しながら、同類部品の「部品群設計」に着目してきました。そして 1993 年から成功事例が生まれ始め、これらに「モジュラーデザイン（Modular Design、MD)」と名付けたのです。そして、会社再建を果たした後にはコンサルタントに転身し、その手法を基に、指導先の会社ニーズに照らしながら生産設備のモジュール化や装置類のモジュール化にも展開してきました。

さらに、筆者は 1988 年に米国 VE 協会認定の国際資格「CVS（Certified Value Specialist)」を自動車業界で初めて取得するなど、長きにわたり VE の世界で活動してきました。この間、VE 関連のさまざまなイベントや講演会、発表会に出席し、さまざまな成果を見聞きしてきましたが、こと部品数の削減については、日本の製造業はそれを永遠の課題としながらも、具体的な活動や成果はあまり耳にしてきませんでした。実のところ、そんな活動はされてこなかったのかもしれません。先ほど、「あまり耳にしてきませんでした」と書きましたが、正直にいえば、1〜2 件ほどは耳にしたことがあります。そして、そのうちの 1 件の会社から招かれて指導しましたが、過去の実績として部品数削減も設計手法改革も一切残っていませんでした。

第 2 章で述べましたが、日本における部品数削減活動の数少ない成功事例としては、トヨタ自動車が 2000 年に入って実行した原価低減活動「CCC21」（Construction of Cost Competitiveness 21）と、2012 年に発

表された「もっといいクルマづくり」を目標に取り組む「トヨタ・ニュー・グローバル・アーキテクチャー（TNGA）」活動があります。前者では、主要173品目を選定し、部品数の30％低減を目標に推進して世界最安値を実現しました。一方、後者では、活動の1つに「グルーピング開発による賢い共用化」を定め、複数機種を同時開発する中で、少ない種類の部品数で多数の車種を創る活動を今なお展開しています。

　これらは、部品数マネジメントの非常に有効かつ興味ある活動であり、「やはり、世界一の会社はやることが違うな」と思わずにはいられませんでした。ただし、同社ではモジュール化という言葉はあまり使用していませんが、中には共通化・共用化する開発方式をモジュール化と呼ぶ技術者もいるようです。

3.1.2　ユニットモジュール

　続いて、ユニットのモジュール化を説明します。なお、ユニットモジュールという言葉は、筆者が部品モジュールと区別するために使っている呼称で、各社それぞれの呼び方があります。

　さて、筆者が勤務していた自動車メーカーでは1995年から、車室内の組み立て性向上とドアの艤装性向上を図るために、総組み立て前の塗装終了後にドアをボディーからいったん外し、組み立てラインの外でドアの艤装組み立てをするようになりました。完成したドアはコンベアで総組み立てラインに運ばれ、ボディーアッセンブリのときにコンピューターに記録された元のボディーの取り付け位置に、ロボットがドア周りのクリアランス調整[注3-1]を守りながら取り付けます。当時は、このドア

のサブ組み立てをモジュールとは呼んでいませんでしたが、立派なユニットモジュール化といえます。そして今では、多くの自動車メーカーの組み立てラインで実施されるようになりました。

注3-1）ドア周りのクリアランス調整：ドアオープニングラインというすき間を均一化する作業のこと。ベテラン作業員でないとできない難作業です。

　一方、日産自動車は、インスツルメントパネル（インパネ）モジュールを代表的なモジュール化の対象にして広く公開してきました。インパネをモジュール化した理由は、総組み立てラインのタクトタイムとインパネユニットを組み立てるタクトタイムが合わないこと[注3-2)]と、ますます複雑化するインパネの合わせ品質を向上する、および組み立て難作業を解消することにありました。さらに、インパネモジュールと同時に実施したフロントエンドモジュールでは、前述のドアの車外組み立てと同じ発想で、エンジンルーム内の作業性を高めるためにモジュール化が進みました。

注3-2）車種によってインパネのバリエーションが変わります。その違いによる作業工数差が大きい（1車種ごとに工数が異なる）ことから、タクトタイムが合いませんでした。

　当時、マツダでも同じような手法が採られていたと『日経メカニカル』誌は書いています。実際、同社が発行する『2004年マツダ技法』では、モジュール化を「サブアセンブリー型モジュール」と「機能統合型モジュール」の2つのタイプに分けています。前者は、サブラインであらかじめ組み立ててからメインラインに供給するモジュール。後者は、レイアウト的に近くにある部品群を1つの単位と捉え、機能や形態の分析を実施した上で、VEによって部品間の機能統合や部品廃止などを果

たし大幅なコスト削減効果を期待するモジュールです。

　要は、機能統合型モジュールの狙いは、本書で説明する内容と同様、むしろ原価低減を表に出してその効果を得ることにあると思います。実際、報告書では、コスト低減（Cost Reduction、CR）は10〜30％に、質量は5つのモジュールの合計で30kgの軽量化に成功したとあります。

　さらに、注目したいのは、ビルドトゥオーダー（Build to Order、B2O）を公言したことです。これは、お客様の受注があってから製品を生産（受注生産）することであり、同社はお客様の好みに応じてカスタマイズするとも言っています。

　いずれにせよ、ユニットモジュール化は各社の戦略に基づいて展開されていますが、目的はおおむね共通しています。例えば、ティア1（1次部品メーカー）では、複数の機能を持つ部品を統合するモジュール化を推進し、取り付け部品のブラケットを一体化したり配線類を統合したりするなど部品点数の削減や、ユニットの総コストと総質量の削減、さらにはラインでの組み付け工数の低減といった効果を生み出しています。

　同時に、ユニットに組み込む部品の範囲を広げることで、各ユニットモジュールはますます多機能化・高額化しています。デンソーやアイシン、マレリ（旧カルソニックカンセイ）は、代表的なティア1メーカーで、中には自動車メーカーの会社規模（売り上げ、利益）を上回る業績を上げているところもあります。

　日産自動車ではその後、ドアモジュール、燃料タンクモジュール、天井モジュール、フロントガラスモジュール、コンソールボックスモジュール、アクスルモジュールなどに拡大していきました。筆者は1998

年、同社栃木工場でインパネモジュールを車載する現場を見学しました。総組み立てラインでは、「セドリック・グロリア」「スカイライン」「ローレル」「シーマ」「セフィーロ」などの大型乗用車が混流生産されていました。そこに、別棟のカルソニックカンセイ（当時）の工場で組まれたインパネモジュールがオーバーヘッドコンベアで搬送され、ロボットがつかむ。そこは、各車で同じような標準化された位置。こうしてインパネモジュールはロボットアームで車体に持ち込まれ、別のロボットが組み立てる。実際、ロボットがボルトで組むのも、同じような位置・角度でした。

　ここで、下線で示した部分がモジュール化にとって重要な各車の共通事項。各車のデザインは異なるものの、こうした配慮によって見事に自動で組み立てられるようになったのです。

　日産栃木工場訪問から遡ること7年前の1991年、筆者はドイツ・ミュンヘンでBMWの工場を見学する機会に恵まれました。そこで発見したのは、インパネのサブ組み立てを行う「セル生産方式」でした。聞けば、「左ハンドル、右ハンドル、カーオーディオ、メーターなどの違いにより、組み立て工数のバラつきが大きく、メインラインと同期できないから、この生産方式を採用している」とのこと。筆者は、「日本では、これをセル生産方式と呼んでいる」と話したら、「実は、日本から学んだ」と返ってきました。この現場では、10台くらいのセル生産方式が並んでいたでしょうか。日本の生産方式がここまで来ていたことに驚きとうれしさを覚えました。実は、こうしたセル生産方式で製造するものも、ある意味「○○モジュール」と称すことができます。

　モジュラーデザインの思想をベースとした業務改革システムとしては、上述したトヨタ自動車の TNGA 以外に、日産自動車が 2012 年にコンセプトを発表した「コモン・モジュール・ファミリー（Common Module Family、CMF）」があります。CMF は、「エンジンコンパートメント」「コックピット」「フロントアンダーボディー」「リアアンダーボディー」の各モジュールに、「電機／電子アーキテクチャー」を加えた 5 つのモジュールから構成されます。エンジンコンパートメントモジュールの 1 つ、ガソリンエンジンとモーターを融合した新しい電動パワートレイン「e-Power」は、「ノート」に続いて「セレナ」にも搭載されヒットを続けています。

3.2 モジュラーデザインの定義

　モジュラーデザイン誕生の背景を説明してきましたが、スタート時点では当然、モジュラーデザインという言葉は存在しませんでした。従って、モジュラーデザインと名付けるには定義が必要になります。

　例えば、部品モジュールは単に「部品」のモジュールではなく、「最適化」などいろいろな条件が付与された「部品」のモジュールになります。ユニットモジュールは、総組み立てラインへ供給されて組み立てられていた部品類をサブ組み立てした、1 つの機能部品の集団（モジュール）になります。単にサブ組みされたものがユニットモジュールではないのです。こうしたことから、モジュラーデザインの定義は次のように定めました（図表 3-1）。

最適設計を施したベースモジュールを

法則を持ったレンジにより構成された部品群から抽出した

最適な部品の組み合わせで

最適なユニットモジュールを創る

ここで、下線で示した部分がキーになります。この定義は、よい部品の集積によるものづくりという解釈もできます。モジュラーデザインを展開し始めた当時、開発本部長がこの活動に対し「Modular Design for Wide Variation」と名付け、筆者らはキャッチフレーズとして大いに活用しました。

> 最適設計を施したベースモジュールを
> 法則を持ったレンジにより構成された部品群から抽出した
> 最適な部品の組み合わせで
> 最適なユニットモジュールを創る

図表 3-1 ● モジュラーデザインの定義
よい部品の集積によるものづくりを実践します。
（出所：筆者）

3.3 部品の最適設計化

ここからは、具体的な部品創りの解説に入ります。そこで、まず確認しておきたいのは、上述のモジュラーデザインの定義の1行目にある、「最適設計を施したベースモジュール」とは何かという点です。最適設計にこだわって説明を進めていきます。

3.3.1 最適化には上がある

　多くの設計者は、設計作業が完了すると、「よい設計をした」と満足しホッとしていることと思います。しかし果たして、その設計したものは他の人に改良されたり、早々に役目を終えたりしてしまうことはないでしょうか。つまり、ここで言いたいのは、設計者が考える「よい設計」が本当に「最適設計」だったか、ということです。

　筆者はもともと、VEを専門とするバリューエンジニアで、長い間VEによる改善活動を実践したり指導したりしてきました。そのVEの定義は、

　<u>最低のライフサイクルコストで、</u>

　<u>必要な機能を確実に達成</u>するために、

　製品やサービスの

　機能的研究に注ぐ組織的努力である

となっています（図表3-2）。この定義の中から特に1行目と2行目に注目し、最適化とはどういうことかを確認していきましょう。

　まず、1行目の「<u>最低のライフサイクルコスト</u>」では、部品の誕生か

> 最低のライフサイクルコストで、
> 必要な機能を確実に達成するために、
> 製品やサービスの
> 機能的研究に注ぐ組織的努力である

図表3-2 ●VEの定義
特に1行目と2行目に注目しましょう。
（出所：筆者）

ら役目を終えて世の中から消えるまでに費やすコストが最低であること
を求めています。既に、前章で原価管理について問題提起をしています
が、ライフサイクルコストはまさに、出来上がった部品の原価だけでは
なく、出来上がる前のコストから計算対象となります。

　例えば、ゼロから設計するのと、既存部品をベースに改良するのとで
は、設計コストや設計期間が大きく異なります。複雑な構造とシンプル
な構造とでも、明らかに違います。さらに、コスト要素はさほど変わら
ずとも、多種少量生産により、部品や材料のロットが小さい、段取り替
えが頻繁に発生するなど、目に見えないコストが、実は、重要になって
くるのです。

　部品を造るための材料は、ライフサイクルコストの範疇になります。
生産工程からみた加工時間や使用エネルギーもしかり、さらには使用中
に消耗される部品やリサイクルもしかりです。例えば、発光ダイオード
（LED）電球。販売価格は白熱電球や蛍光灯と比べて結構高くなります
が、消費電力が少ない上に寿命は圧倒的に長い。球切れの不快感や交換
の手間などまで含めて計算していくと、イニシャルコストは高くともラ
イフサイクルコストは安くなるはずです。

　新部品を設計する際、コストの最適化を達成するためには、このよう
に部品の一生涯、すなわちライフサイクルで評価しながら「高い」「安
い」を議論する必要があります。

3.3.2　機能開発

　続いて、VE の定義の 2 行目では、「必要な機能を確実に達成」とあり

ます。ここでいう必要な機能とは何か——。水を蓄える容器で説明すると、水を蓄える機能（容量）はもちろん、使用環境に対応する機能も求められます。例えば持ち歩く容器なら、こぼれないことや膨張して破裂しないこと、持ちやすいこと、飲みやすいことなどがあります。加えて、外観（美観）も重要な機能の1つになります。

　図表3-3は、洗濯用洗剤のボトルです。使い方は、読者の皆さんがよくご存じの通り、洗濯物の量に合わせて所定量の洗剤をキャップに取り、洗濯機に注入します。作業を終えてキャップをしようとすると、一般のキャップは、残った洗剤が垂れるなど戻しにくかったりします。しかし同図表のキャップとボトルには工夫が凝らしてあり、残った洗剤はキャップから外側に垂れずにボトルに戻せます。手がベタベタにならずに済みますし、キャップ自体が洗剤を入れやすいサイズに工夫されています。

図表3-3 ●洗剤ボトル（右）と芳香剤ボトル（左）
キャップを共用にすれば、射出成型の型も共用できます。
（出所：筆者）

　こうして、洗剤ボトルで最適化されると、柔軟剤ボトルや芳香剤ボトルにも応用展開できます。ボトル部はブロー成型で造りますが、キャッ

プ周りは射出成型品のため、型は柔軟剤ボトルのキャップにも芳香剤ボトルのキャップにも使えます。色を変えれば、洗剤、柔軟剤、芳香剤と区別できます。つまり、ボトルの容量を変えても、キャップ周りのサイズを共用にしておけば、射出成型用の型は共用できるというわけです。

　競合他社がこのことを知ったら、「我が社も」「我が社も」と、必ずまねをして設計変更を仕掛けてきます。その際、先行する会社が特許を取得していれば、競合他社にはそれを逃れるか超えるかの知恵が要ります。そして生産時には、金型を新作することになりますから、旧型と新型の二重投資に陥ります。従って、先行する会社は競争に1歩先んじることができるのです。

　最適設計において発現する機能は、少なくとも世の中に存在する類似製品の機能よりも優れている必要があります。ただし、今ある機能は既に過去のニーズから生まれたものです。明日の要求機能、近未来の要求機能は、社会の変化と共にどんどんと変わります。設計者は、今我慢している機能（洗剤ボトルの例では、手に洗剤が付くことを避ける機能）や使いやすさを高める機能はもちろん、社会の変化を読んだ未来の要求機能を創り込まないといけません。これこそが、「必要な機能を確実に達成」するということなのです。

　DX（デジタルトランスフォーメーション）時代には、古い機能と共に、未来の機能をデータ化し、いつでもひもとけるようにしておきましょう。

3.3.3 最適化に気を配る

続いては、最適化をさまざまな角度から見ていきましょう。まずは、材料から。

① **材料の最適化**

最適設計だから、要求機能に最も見合った材料を選ぶ——。これは一見正論ですが、一方で「誤った最適設計」に1歩踏み出していることが多いのです。まず、一般論として、材料には、

▶ 工業化開始以来、継続使用されている材料

▶ 当該製品が設計されたときから継続使用されている材料

▶ 従来は高価だったが、使用量の増加と共に、コスト相場が変化している材料

▶ これから伸びていく新しい材料

▶ 従来とは全く異なった使い方が始まった材料

など、いくつかのカテゴリーがあります。これらに加えて、入手性に優れたり使用量が多かったりと、一般の価格より安価な材料などもあることから、マーケットの変化については常にチェックしておく必要があります。

まずは、最適な材料を選択するのが常とう手段。しかし、見かけ上原価改善になるからと考え、例えばわずかに板厚が違う材料を選ぶことは必ずしも真の原価改善にはつながりません。工場の倉庫には、まれにしか使われない板厚の材料が保管してあったりすることをよく見かけます

が、そうならないように、自社の購入している材料の中で使える材料はないか、使用量や入手性などを含めて検討するのが最適な材料の選択条件になります。

②　共用性を図面表示

　同じ材料でも、こんな使い方で最適コストを引き出す方法があります。筆者の経験を紹介しましょう。

　筆者はあるとき、鋳造品の材質欄に記入する材質を複数書きました。具体的には、図表 3-4 のように、「FCD450 or FCD400 or FCD500」と表示したのです。これは、ある製品の材質として最も適すのは「FCD（球状黒鉛鋳鉄）450」で、製品の強度特性や加工性を考慮すると「FCD400」や「FCD500」も許容できるという意味です。つまり、先頭の材質が本来の材料を、「or」以降の材質が許容可能な材料を表しています。

材 質	FCD450 or FCD400 or FCD500

図表 3-4 ●材質の図面表示の例
「or」表示を用い、使用可能な材質を複数表示しました。
（出所：筆者）

　鋳造では、電気炉で銑鉄やスクラップを溶解する際にさまざまな鼻薬（球状化剤、マグネシウム、セシウムなど）を添加して材質を調整します。ただ、溶解するものの、溶解炉の大きさや鋳型の大きさなどの関係から、最終的に湯余りが生じることがたびたびあります。そもそも必要量が少ない場合には、湯余りが多く発生します。こうした残り湯は通

常、インゴットにして次の溶解時に再使用しますが、上述の「or」表示がこれを変えました。翌日の鋳造予定部品をチェックし、残り湯と同じ材質の部品が「or」表示の中にあれば、それを鋳造することにしたのです。すると、残り湯がインゴットではなく、直接部品に変わる――。そのコスト効果については、特に説明は不要でしょう。

　こうして「or」表示は、当社の設計標準の中に組み入れられ、誰もが活用できるようになりました。しかも、材質だけにとどまりません。例えば、板物。これは、鉄板とは限らず、パッキンや緩衝材なども含めます。これらの部品の多くは1部品1図面、いわゆる一品一葉図面が常。それぞれの部品に最適な板厚や材質が記入されていますが、ここにも「or」表示を導入しました。すると、端材や残材でプレスやカッティングできるチャンスが広がったのです。発注先も同一になると、端材利用の効率もアップし、歩留まりが上がります。

　一方、同じ機種に使う部品の場合には、必要生産数量も同じになりますから、1枚の図面に複数の部品を描く、多品一葉図面にします。すると、発注先と一緒になって同時成型するなど、コストはがぜん安く抑えられます。そして、この方が原価としては、板厚を0.1mmとか0.2mmとか節約するよりもよほど有利になります。管理も、図面上は部品番号を代表品番で管理し、部品番号を検索すると、代表品番の図面が出るようにしておけばよいのです。

③　工法・工程の共通化とプロセステアダウン

　図面に基づいてどのように造るかは、生産技術部隊の出番です。た

だ、製品の多様化が進めば進むほど、工程にも多様化が求められ、多品
種少量生産体制を敷かざるを得なくなります。しかしこれでは、コスト
は少品種大量生産にはかないません。

　ここで重要になるのが、類似品の工程を比較分析し、いかに同じ工程
で製品を造るかという視点です。これには当然、設計側にも工程側にも
再度の工夫が求められます。機械加工のプロセスなども同様、従来のプ
ログラムをいかに流用できるかという視点は、機械加工の効率を高めて
くれます。使用する刃具なども比較しておくと、刃具交換の時間を節約
できます。

　バリエーションが豊富で加工内容や付属部品が異なる場合にも、工程
の比較分析を実施しておくと、いろいろなことがみえてきます。工程側
としても、多品種少量生産は望まないため、共通の工程を把握すること
はとても貴重な分析になります。

　テアダウンの1つに、プロセステアダウン（Process Tear Down）と
呼ぶ、工程を比較分析する手法があります。図表3-5は、筆者が作成
したフォーマットで、参考のために提示しますが、このフォーマットに
こだわる必要はありません。まずは、同図表を使って、プロセステアダ
ウンがどのようなものかを理解してもらいたいと思います。

　図表3-5は、自動車エンジンのオイルフィルターの組み立てライン
を想定したサンプルで、縦軸には全ての工程を、横軸には比較分析する
対象群（部品番号）を並べています。対象群は全部で9部品。縦軸の工
程を実施する場合には「○」が付き、実施しない場合には空欄となって
次の工程へと進むことを表しています。さらに本事例では、部品番号の

Oil Filter : Process Tear Down 分析表（ASM／Part）

20XX年XX月XX日　生産技術部　○○○○

対象	ベース工程の部品番号	9211-4042-0	Asm番号 9211-4042-0
	ベース工程の部品名称	Oil Filter Assembly	Asm部品名称 Oil Filter Asm

工程内容 / 部品の生産個数／月 / 1台当りの使用数

工程番号	工程名・使用機械番号・使用型式番号	工程内容	手扱	自働	歩行	4042	4053	4080	4090	4130	4122	4100	4111	4140
	部品の生産個数／月					5000	2000	700	300	5800	900	500	10	
	1台当りの使用数					11	12	12	9	10	9			
1	エアーブロー	ボディー内異物除去	7	15	3	○	○	○	○	○	○	○	○	○
2	逃がし弁組つけ	逃がし弁を組み込み、プラグで締め付ける	9	-	2	○	○	○	○	○	○	○	○	
3	調圧弁組つけ	調圧弁を組み込み、プラグで締め付ける	10	-	2	○	○	○	○	○	○	○		
4	バイパス弁組つけ	バイパス弁を組み込み、プラグで締め付ける	8	-	2	○	○	○						
5	油圧センサプラグ組つけ	プラグを組み込み、さらにプラグを巻き締め付ける	15	-	4	○								
6	蓋プラグ組つけ	油出口栓部にプラグ、ワッシャー組みつけ締め付け	14	-	2	○	○	○	○	○	○	○	○	
7	ドレンプラグ組つけ	Oリングを挿入後センターボルトをボディーに、ドレンプラグを締め付け	13	-	0	○	○	○	○	○	○	○		
8	エレメントプッシャ組つけ	エレメント押え用スプリングとワッシャー組み込み	9	-	3	○	○	○	○	○	○	○		
9	エレメント組み込み	センターボルトにエレメント組み込み	5	-	2	○	○	○	○	○	○			
10	ケースOリング組つけ	溝部にOリング組み付け	4	5	2	○	○	○	○	○	○			
11	センターボルト締めつけ	フィルター部のボディーへの結合	7	-	2	○	○	○	○	○	○	○		
12	蓋プラグ締めつけ	加工穴部分へプラグ締め付け	10	-	4	○	○	○	○	○	○	○	○	
13	気密検査	エアーブロー・水漏れ除去、汚れ除去、製造年月日打刻	5	-	1	○	○	○	○	○	○	○	○	○
14	梱包	ビニール袋入れ												

工程数　平均 11　Max 13　Min 10　時間（秒）合計 123／20

基本仕様：仕様差　油圧ゲージ付き、バイパスなし、バイパスあり、単機能型、単機能型、単機能型

工数・生産工程数：11, 11, 12, 12, 9, 9, 10, 10, 9

備考：将来構想　カートリッジ化と組み立ての自働化　単機能型

機械加工後の部品の洗浄から組み立て、検査・梱包まで

類似製品含め、混流生産の可能性のある部品をリストアップ

対象製品を漏れなくリストアップ

○印記入のポイント：該当する工程に印をつけると、「なぜ、なぜ」が始まり、それを解いていくと改善（工程の共通化）が生まれる。対象全てに○が付いた対象工程は共通工程で、作業の標準化や、時には数がまとまり投資がしやすいことから自働化の対象工程になる。○が少ない工程は極力後工程に回すと、その製品が流れるときのみ工程を増やせばよいことになる

この製品グループで行われている全ての作業を漏れなく書き出す。微妙に異なる内容は、別工程として設定する

Sketch
Scanner()

図表3-5 ●プロセスティアダウンによる比較分析
自動車エンジンのオイルフィルターの組み立てでラインの事例です。
（出所：筆者）

左側に「手扱い」「自働」「歩行」に関する情報を入れたり、部品番号の下側には生産数量を記入したりしているため、各項目からさまざまな思考を展開することができるように工夫されています。

　さて、このプロセステアダウンの手法を用い、どのように工法・工程を共通化するのか——。オーソドックスな攻め方は、「○」の多い工法・工程ほど共通化でき、さらに対象群全てに「○」のついた工法・工程に関しては自働化の候補となります。逆に、「○」の少ない工法・工程についてはオプションの傾向が強いため、後工程に回していきます。こうしたケースでは、共通する工法・工程は前工程とし、共通しない工法・工程はなるべく後工程としてそこで変化を持たせるようにしておくと、工法・工程の標準化につながります。場合によっては、「○」の少ない工法・工程は、後工程ではなく、工程外で実施することも視野に入れるとよいでしょう。

　客先から新たなオイルフィルターの製造依頼が来たときには、この表に現在の対象群と並べてプロットしてみると、標準工程を前提とした組み立て工程を提案することができます。とりわけ自働化した工程では、その自働機と同じ組み立て要素で生産できるようにしてもらえれば、設備は投資済みである、品質は安定している、コストは安価に抑えられるなど、即応性が十分あることをアピールできるようになります。

　逆に、新しい部品がこの工法・工程に乗れないとすると、新たな組み立て工程（場）が必要になり、どのようなラインにするか、セル生産方式にするのか、などを考えます。もし、新しい部品が現行の工数よりも少なくなるようならば、従来の部品に互換性を持たせて新しい部品と同

じラインで組むことなども検討するとよいでしょう。

このようにテアダウンの技術、具体的にはプロセステアダウンを活用することで、部品がむやみに増加していくことを防ぐと同時に、組み立てコストを低減する術を見つけることが可能になります。

④ 構成部品の共通化と共用化

ものづくりはねじ1本に始まり、部品の組み合わせによって最終製品が造られていきます。そのときのコストは、使用材料や加工・組み立て工数に左右されますが、量のファクターも重要な要素にほかなりません。一見すると高そうだが、量がまとまると、自動組み立て（加工）が可能になる、無人化によってコストが大幅に安くなる──。そんなケースをしばしば耳にします。つまり、新たな受注部品でも、こうした自動化に便乗できるようにすれば、コストづくりに大きく貢献します。

第2章2.3.4でマトリックステアダウン（Matrix Tear Down）の例を紹介しましたが、構成部品の共用化が一目で分かるような比較分析を実施し、使用部品に関しては極力数量効果が得られるような用い方をすると、見かけのコストよりも有利なコストを導き出すことができます。

以上見てきた最適化のために、最後に参考図書を紹介します。2012年に日経BPから発行された拙著『利益を最大化するコスト・イノベーション設計ガイドブック』です。月刊誌『日経ものづくり』に連載していたコラムを一冊にしたもので、巻末には筆者が長年にわたる改善活動の中で気づいたアイデアをまとめたチェックリストを付けました。ぜひ、参考にしてみてください。

3.4　CADの落とし穴

　ここまで最適設計を実施するためのポイントを解説してきましたが、それを邪魔し部品増加を助長する存在があります。コンピューター利用設計システム、いわゆるCADです。

　CADは元来、人の手によって行われていた設計作業を、コンピューターの支援によって実施する便利な設計システムです。各種のデータや情報がコンピューターの中に蓄積され、そのデーターベースを基に設計作業を支援し、改善すべき箇所を修正したり創作したりすることで設計効率を高めるツールとして登場しました。

　しかし今日の使い方は、従来製品とは全く縁がなく、全てをゼロベースから企画・設計する製品は別として、新しい製品を開発する際に既存部品を利用できるよう、必要な箇所の寸法を変更する製図機のように扱われることが多いようです。この過程で、例えば造りにくいために使用が控えられていた既存部品でも、新しい製品に使えそうとなると、問題点が見落とされ（情報が共有されず）、必要な箇所の寸法を修正するだけで、また造りにくい新しい部品が生まれてしまいます。ここは、十分に注意が必要です。

　さらに、CADで実施する原価低減にも問題があります。CADでは、新部品の原価低減と称し、板厚をわずかに薄くしたり、材質を改めたり、はたまた取り付け位置や形状を微妙に変更したりすることで、見掛け上の改善を容易かつ短時間に実行できます。それ故、CADを活用す

るものづくりの会社では、部品の原価低減を極めて安易に実施してきた節があります。

　果たして、それは、真の原価低減の改善といえるでしょうか。ここまで、本書を読み進めてきた読者の皆さんなら、その答えはもうお分かりでしょう。CADでも、新部品が既存部品との互換性まで配慮した設計ならよい設計といえます。しかし、形状や取り付け穴位置などが微妙に変わり、既存部品との互換性がなくなると、たちまち新たな部品となって管理する部品数が増えることになります。加えて、新たな治工具・金型や補修用部品の追加などが発生し、固定費が大きく膨らみます。ここをきちんと考慮しないと、誤った原価低減の改善に陥ります。

　さらに大きな問題は、CAD図面の設計時期です。それが、治工具や金型といった加工用ツーリングや加工システムの古い時代であると、いつまでも古い時代の古い工法に縛られることになります。発注先も、従来の会社に限られるケースさえ出てきます。こうなると、古いものづくり文化を踏襲するだけで、決して新しい製品を生み出しているとはいえないのです。

　残念ながら、CADにはこうした真の原価を検証するシステムは付随していません。最近では、原価を自動計算するソフトが付いているものもありますが、それは変動費が主体で、肝となる固定費については考慮していません。繰り返しますが、わずかな変更で原価低減ができたと満足したところで、固定費を見てみると、原価が決して下がっていないということが実に多くあります。このように、図面変更が容易にできるCADには、部品の増加や古いものづくり文化の踏襲、見掛けの原価低

減を招くリスクがあり、筆者はこれを「誤った最適設計」と呼んでいます。そして、これこそが、日本が世界一の工業国から大きく後退した要因の1つになっている可能性さえあると考えています。

　本来ならば、新しい部品の必要性が高まった際には、今後何年かは造り続けることを前提に、今日から未来にかけて最もふさわしい工法は何か、材料は何かを検討します。しかし、つい仕事の忙しさや納期の問題にかまけ、新しい部品といいながら古い部品の修正品を生み出してしまうのです。それも、10年も20年も昔の設計をベースに。

　こうした過ちを犯さないために、モジュラーデザインの第一歩は「最適設計」の確認から始まります。こうして最適化ができたら、その設計をベースに法則を持ったレンジ化へと進め、部品群のモジュール化を展開していくのです。

3.5　部品モジュール化の準備

　いよいよ、モジュール化の解説に入りますが、実は、その前にやるべき準備があります。まずは、そこから説明していきましょう。

3.5.1　部品群の分類・整理

　筆者が、部品数激減活動を引き受けて具体的に展開するに当たり、まず実施したのが部品群の分類・整理でした。総数が100万点にならんとする部品の中には必ず、

①　死んでいる部品（補修用としても荷動きのない部品）

② 補修専用で、現行モデルや新しい製品に使われることがなくなった
　　部品

③ 現在生産されている部品

④ これから生産される新しい部品

この4タイプが存在するとにらんだのです。①の存在は、不要になった
部品の番号を消してしまう制度「廃番制度」がないことによりますが、
筆者が勤務した会社をはじめ、コンサルタントとして指導した多くの会
社がこうした制度を持っていませんでした。その結果、いつまでも部品
番号が存在してしまうばかりか、よくよく調べると現物まで残っている
ケースも。廃棄は業務の都合と称し、後回しを毎年繰り返している会社
もありました。

　一方、②に関しては、筆者が勤務した会社では「再使用禁止制度」が
あり、新しいモデルに使用してはならない部品として登録されると、
BOM（部品表）にはその部品番号を組み込むことができないようにし
ていました。逆に、こうした制度がないと、いつまでも廃棄されずに
残ってしまうのです。

　筆者は、これら①と②は廃棄し、③と④については最適モジュールを
創っていく方向で部品群を分けました。あえてこの作業を実施した理由
は、部品数を削減する本来の目的に加えて、従来の部品群を取り残した
ままモジュール化に臨むわけにはいかなかったからです。すなわち、モ
ジュール化する部品は、次に解説する**図表3-6**のフローチャートの
「ステップ5」までにいったん整理するようにします。

3.5.2　モジュール化のステップ

　部品数激減活動では、創業から75年にわたってずっと放置され続け
てきた部品の山を整理するわけですから、それはそれは気の遠くなるよ
うな話でした。しかし、上述の4タイプの部品群に分類することで、③
と④の生きている部品がきちんと把握できるようになり道が開けてきま
した。

　そして、それら③と④を対象に、**図表3-6**のステップに従ってモ

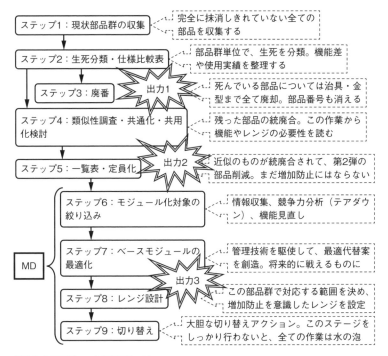

図表3-6 ● モジュール化のステップ
部品を「ステップ5」までに整理した上で、モジュール化に取り組みます。
（出所：筆者）

ジュール化を進めたのです。読者の皆さんの会社でも、ここで降参したら何も残りません。心して臨んでください。同図表には、各ステップのポイントを書き出しました。ここからは各ステップを詳しく説明していきます。

3.6　部品モジュール化の進め方

3.6.1　部品群の把握

改めて、モジュール化の「ステップ」を示した、**図表3-6**を見てください。最初のステップは、現状部品群の収集になります。

ステップ1：現状部品群の収集

ステップ1では、過去から今日に至るまで、データとして存在している全ての部品を顕在化させます。ここで漏れてしまうと、その部品をひもとくことは恐らく二度とないのに、ずっとコンピューターの片隅に居座ってしまいます。

筆者が勤務していた会社には、「パーツ・ナンバー・コントロール（Parts Number Control、PNC）」というシステムがあり、部品群ごとにコード番号を持っていました。そこでステップ1の作業では、そのコードを頼りに部品を全数リストアップしました。

こうしたシステムがない場合、頼りになるのは名称です。ただし、1つの部品に複数の名称が付いていたりすることが間々あるので注意を要します。例えば、「チェーン：オイルキャップ」と「オイルキャップ

チェーン」といった具合。検索するときには、関連する名称で行うことも肝要です。

　モジュール化の作業が全て終わってから、漏れていた部品が出てくると、見直す気力はもう失せてしまいます。従って、このステップ1では、完全に抹消しきれていない全ての部品を収集することが何より大事になります。

ステップ2：生死分類・仕様比較表

　ステップ2では、部品が生きいているのか、死んでいるのか、それぞれの仕様はどのように異なるのか、使用実績は時系列的にどうなっているのかを整理します。

　それには、一覧表にしてみると一目瞭然です。まず、生死の確認は、出荷（出庫）実績で判断します。中には、補修用部品として時折出荷しているという部品もあるはずです。実績がある場合には、それがいつだったかを確認します。ここで、「○年間出荷がなければ廃番」と、いわゆる「死亡宣告」の期限を決めてしまうことも重要なアクションの1つになります。最近では、家電メーカーが補修用部品の供給期限を「生産打ち切り後7年間にします」などと、製品の梱包に記載していますが、これはよい方法だと思います。

　ここで、部品メーカーからの納入実績を判断材料に使わないのは、ある時期にまとめて納入してもらうなど、それがあまり当てにならないからです。それよりも、出庫・出荷の方ががぜん頼りになります。

　生死の判断については、あまり未練がましく生きていることにする

と、多くの部品が残ってしまいます。従って、割り切りのある大胆な基準が必要で、この基準こそが部品数削減の決め手になります。現場改善の世界で、整理・整頓を実施するときには、不要なものに「赤札」を貼る「赤札作戦」を展開したりしますが、部品数削減も全く同じ気持ちで「捨てる」に徹することが重要です。筆者も、心を鬼にしてバッサリと切り捨てました。

残った部品、すなわち生きている部品については、後ほどマトリックステアダウン分析や各種寸法・性能・機能の比較分析ができるように、極力近しい部品を並べるようにします。性能だけではなく、部品ごとの発注先や各年度の購入数量も欠かせません。何が重要な比較項目かを選んで、順に表を埋めていくようにします。ただし、比較不要な項目もあるので、整理して臨んでください。

◀ コラム 現場の裏話 [19] ▶

死亡宣告したのに、生きていたら

　死亡宣告は廃番を意味し、部品番号まで消えてしまいます。万一チェック漏れがあり、死亡宣告したにも関わらず、最近生産されていない機種に使われていた（生きていた）となると、一大事。そんな不安から、死亡宣告をなかなか発出できないのも事実です。

　部品数激減活動の主座を務めていた筆者はそこで、「金型費の予算を持っているから、万一のときはその予算で復活する。だから、安心して死亡宣告するように」と、背中を押しました。結果、実質4年にわたる同活動の中で申告は1件もなく、ホッと胸をなで下ろしました。何を隠そう、予算など一銭もなかったので。

◀ コラム 現場の裏話 [20] ▶

部品数削減はまさに働き方改革

　筆者が勤務していた自動車メーカーでは、取引先への納入指示は「3カ月前予告」「1カ月前予告」「6日前納入確定指示」と3段階ありました。例えば「6日前納入確定指示」では、納入日の6日前に、「○月○日○時、○○工場の○○納入場所に、○○を○○個納入」と、取引先に納入が確定したことを連絡していました。

　こうした指示を各取引先に発信する部署は、100万点に近い部品を検索するだけでも相当な時間を要し、3直4交代の24時間操業職場でした。ところが、部品数激減活動により部品数が30万点に減少すると、3直4交代から何と1直に。部品数削減による、まさに働き方改革でした。

　そして、「夜勤は大変」とぶつぶつ言っていた従業員もさぞかし喜んでいるだろうと話を聴きに行くと、「夜勤手当や残業手当がなくなり収入が減った」と、新たなぼやきが始まっていました。

ステップ3：廃番

　ステップ3は、廃番。文字通り、部品番号を廃止することです。廃番になると、部品番号から治具・金型、在庫部品まで全てを廃却します。これが「出力（成果）」を得る1歩目です。

　少し物騒な言い方になりますが、ここで大事なのは、<u>死んでいるものは完全に殺す（番号を消す）</u>こと。生半可なやり方はダメ。中途半端に生かしておくと、突然生き返ったり、管理が発生したりするなど、真の部品数削減にならないからです。

　廃番は、図面を抹消するくらい徹底することをお勧めします。それに

は、廃番にする基準をあらかじめ決めておく必要があります。部品をま
な板に載せ、部品ごとに生死をどうするかを決めていると、結局全て生
き残ってしまいますから、補修用部品を含めた出荷実績などをベースに
思い切った廃番基準を設けるようにしましょう。「最終発注から○年」
「最終出庫から○年」など、いろいろな基準をうまく組み合わせて打ち
切ることが肝要です。

　補修用部品については、出庫がまばらで一定量の在庫を抱えている部
品は廃番とし、在庫がゼロとなった時点で部品番号が消える仕組みにし
ます。互換性のある代替補給品がある場合には、部品検索時に代替補給
品の番号も出てくるようにします。こうして廃番基準を決めたら、取引
先にも案内し、彼らからも廃番申告の手伝いをしてもらいましょう。こ
れらは全て、筆者の経験に基づいた実績ベースの話です。

　一方で、廃番にしたものの万一復活させる必要が出てきたら、新たな
部品番号を取得し、改めて設計して互換性を持たせるようにすればよい
のです。絶対に旧部品番号を復活させてはなりません。これが重要なポ
イントです。なぜなら、旧部品の古い図面が引かれたのは、試作・試験
期間（自動車業界では2年以上）、量産期間（同じく6〜10年）、そして
補給期間を考えると、実に4半世紀前、あるいはそれ以上前になるから
です。そんな古い部品を再び復活させること自体、全くナンセンスと言
わざるを得ません。造る材料がなくなっているかもしれませんし、そも
そも設計当時よりもさらによい材料やよい工法が開発されている可能性
があります。

　それでも必要というのであれば、現在の材料や設備を使用して互換性

のあるものを再設計した上で、他の部品とも共用できるように工夫します。そうすれば、その後の統合化もやりやすくなるはずです。

出力1

　図表3-6のフローチャートに示す工程は無論、最後まできちんと実行してもらうことを願いますが、何らかの事情で中断したり延期したりすることもあります。その際には、少なくとも、ステップ3：廃番まではしっかりと成し遂げてください。なぜなら、廃番は目に見える大きな「出力（成果）」になるからです。

　筆者は、廃番基準を、開発部門をはじめ、生産部門、調達部門、販売部門など全社で承認しました。その対象は、

- ▶ 新しい機種に再使用禁止となった、生産が終了した機種の部品
- ▶ 一定期間発注がない部品（期間を決定）
- ▶ 一定期間出庫がない補修用部品（期間を決定）
- ▶ わずかに出庫があるものの、上述の期間分以上の在庫がある補修用部品

というものでした。四半期ごとに、これらの基準に合致する部品をコンピューターで洗い出し、社内と取引先に対して「廃番予告通知」を告知。次の四半期までに異議申し立てがない場合は、改めて「廃番通知」を発行しました。これを受け取った部署では、それぞれ廃番を実行します。社内や外注先の製造担当部署では、保管してある材料や部品、治工具、金型、専用設備などを廃棄しました。

　こうしたルーティンで定期的に実行するのは非常に効果的でしたし、

意義申し立て期間を設けたのも奏功しました。廃番基準は会社ごとに定めればいいのですが、大事なことは何よりも徹底して実行すること、そこに尽きます。

ステップ4：類似性調査・共通化・共用化検討

　部品数を少なくする目的の1つに、生産性の向上があります。これは、共通化や共用化を進めることにより、生産ロットが上がるから。その数によっては自働化や無人化まで考えられますし、品質向上にも寄与します。そのためのアクションとして、ステップ4では類似性調査と共通化・共用化検討の2つの方法があります。

① 類似性調査

　類似性調査では、ステップ2で整理した、生死分類・仕様比較の表から、部品の共通点や相違点を確認します。この際、特に機能と取り付け性で比較分析することをお勧めします。

　まず、部品の機能は、形態や構造に違いがあっても同じ、あるいは近いというケースが数多くあります。機能が同じなら、共通化の第一歩と判断できます。次に、取り付け性は、部品数が増加する大きな要因となっています。例えば、同じ機能の部品でも、取り付けスペースやワイヤーハーネスの長さが違うだけで、別の部品番号を取得することが間々あるからです。機能が同等なら、取り付け性を工夫して共通化することは可能です。

　類似性調査では、こうした共通点と相違点をしっかりと把握してくだ

さい。その上で、**図表 3-7** に示す、「共通化」「共用化」「一体化」「分割化」の4つのパターンに分類し統合していきます。これらのデータは、後のモジュラーデザイン化発案の際にも重要な情報になります。

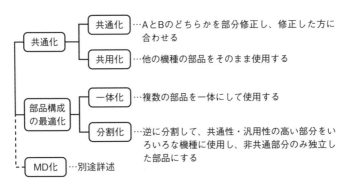

図表 3-7 ● 部品数最少化のための手法
ステップ4：類似性調査・共通化・共用化検討で、部品を4つのパターンに分類し統合していきます。
（出所：筆者）

②　共通化・共用化検討

　一方、共通化・共用化検討では、生きている部品同士の共通項を確認し、文字通り共通化を図ります。ただし、共通化の基準は、補修用部品と量産用部品で分けて考える必要があります。

　まず、補修用部品の共通化の基準では、簡単なつなぎ部品を使った組互換を入れることは有効です。加えて、後述する量産用部品のようなコスト面への配慮はあまり求められないことから、「大は小を兼ねる」戦略を考えます。どういうことか――。例えば、スタンダード仕様の自動車に乗るお客様から、補修用部品としてルームミラーの発注があったとします。しかし、補修用部品は「大は小を兼ねる」戦略で、デラックス

仕様のルームミラーに統合しているため、上述のお客様には、夜間運転時の防眩機能やランプが付いたデラックス仕様のルームミラーを供給します。このとき、価格を大幅に上乗せしなければ、お客様からはまず文句は出ません。仮に、少し高くなっても、「機能が向上しているので」と、丁寧に説明すれば、十分納得してもらえるはずです。

　一方、量産用部品の共通化の基準は、数が多いだけに上述のようなぜいたくなまねはできません。コストと機能の最適化を図りつつ、一定の基準、一定のコストアップ限度を設け、近い部品を統合していくことになります。その際には、「誤った最適設計」に関する項目も基準に加えるといいでしょう。原価低減と思い込む、見掛けのわずかな変動費の差は、固定費を考えると微々たるもの。統合の対象になりやすいのです。

　先ほど、量産部品では補修用部品のようなぜいたくなまねはできないと述べましたが、「大は小を兼ねる」戦略が使えないことはありません。「大」の多くはコストアップとなることから、その際の評価基準は固定費と相殺できるかどうかという点になります。「大は小を兼ねる」にして部品が1点なくなると、固定費にどれだけ影響するか——。その範囲内であれば、コストアップを認めることがポイントです。そのためには、

- ▶ 部品を「大」「中」「小」に区分した上で、在庫金額と金利、在庫スペース、倉庫関係者の人件費などの固定費関連金額を集計し、部品を1点減らすと固定費がいくら減るかの基準をつくる
- ▶ コストアップの容認範囲を決める。ただし、固定費を考慮したときに、実質的なコストアップとならないようにする
- ▶ 新車開発時の共通化テーマの原価企画評価では、1部品当たりのコ

ストアップ額が許容範囲内であれば、コストアップ扱いをしない。
これをコストアップとしてしまうと、誤った最適設計が横行する

▶ 統合したり流用したりすることは、数量が増えることである。そ
の数量効果もしっかりと計算に入れてコスト評価をする

ことなどが重要になります。

　共通化・共用化の進め方はここに述べてきた通りですが、正直、あま
り成果は出ません。部品の機能や寸法などがわずかに違うためどちらか
に合わせようとすると、取り付け互換性がネックになったり、コストが
大きく異なったりします。設計者が異なる場合には、自分は譲りたくな
いと意地を張る者も出てきます。こうした場面では、マネージャーの積
極的な介入を求めたいところですが、なかなかうまくいきません。

　それよりも、共通化・共用化の作業の中から機能やレンジの必要性が
読めてくることの方が、モジュラーデザイン化の活動においては貴重な
情報となります。一覧表にして可能性があるものだけを重点指向で
チェックし、この後のモジュラーデザイン化に注力する方がよほど望ま
しいと考えます。

ステップ5：一覧表・定員化

　続いては、ステップ5：一覧表・定員化です。まず、一覧表から見て
いきましょう。

①　生き残った部品の一覧表

　ステップ1：現状部品群の収集では、部品群ごとに全ての部品を一覧

表にし、生死の区分をしました。それを受け、ステップ5では、死んだ
部品を除き、生き残った部品だけを対象にした一覧表を作成します。互
換性の確認ができるように、各スペック（仕様）を分かりやすく表示す
ると共に、各々の部品の特性に合った互換性情報も仕様の1つに加えま
す。筆者は、これを「○○部品一覧表」と呼び、部品数マネジメントの
重要な分析表の1つにしました。

　この一覧表を基に、共通化や共用化のヒントを得て部品を極力集約し
ていくと、全体像が見えてきます。特に、勝負をしない部品（第1章
1.3.2 参照）については、徹底的に分析し、以降新たな使用を極力避けつ
つ、優先順位記号を付けるなど早く抹消される部品にしていくことが望
まれます。こうした一覧表は、新部品発生を抑制する重要な武器になり
ます。具体的な活用方法としては、

- ▶ 部品検索に使用し、近似部品を見つけて選択設計の一助に
- ▶ 補修用部品の互換性検索に使用
- ▶ モジュラーデザインの出発点となる部品全体像の把握

などが考えられます。

② 勝負しない部品群の定員化

　一覧表のさらなる仕組みが、定員化です。勝負しない部品群に関して
は、あるレンジで一定量のバリエーションを整備し、「この部品群は総
定員数を○○とする」と定員の数、すなわち部品の数を定め、それ以上
に部品数を増やしてはならないというルールを決めます。基本コンセプ
トは、「－1＋1＝0」の原則です。

　これが意味するのは、ある部品群で新たに部品を1つ増やす場合には、定員数を超えてはならないため、まず1つの部品を減らさなければならないということです。実は、当初は「+1−1＝0」の原則とうたっていましたが、あるとき生産部門長から次のような提案を受けたのです。「開発部門は『+1』はすぐやるけど、『−1』はなかなか実行しない。『−1』をきちんと実行してから『+1』を実施するという意味で、『−1+1＝0』の原則にしたらどうか」──。当時、部品数激減活動の主座を務めていた筆者は即、この提案を受け入れ、いわゆるプラスマイナスゼロの「+1−1＝0」ではなく、「−1+1＝0」の原則としたのです。

　部品数を増やす前には、使用機会がないまま古くなった部品とか、使用機会が最も乏しい部品とかの中から1つの部品を減らします。実は、どの部品を減らすかを検討していくうちに、従来部品でも要求機能を満足できることに気づいたりします。こうした観点からも、この定員化という仕組みは、部品数の増加防止に貢献します。

◀ コラム 現場の裏話 ［21］ ▶

新部品はいくら増えてもいい

　定員化により部品数を抑え込む一方で、勝負する部品については新部品がいくら増えてもよいことにしました。

　例えば、部品数激減活動を展開していた当時、自動車業界では排ガス浄化や燃費に関わる競争が激化していました。ここで、いかに業界トップに躍り出るかは、設計者の腕の見せどころ、技術競争の最たるところです。勝負する部品の代表例は、ピストンヘッド。そこにいろいろな形状のへこみをつけ、吸気したガソリンや軽油の渦の形状を制御して燃焼

効率を高めるなどの工夫をしていました。

　そこで筆者は、こうした勝負する部品については定員化の対象から外した上で、「朝描いた図面を夕方差し替えてもいいぞ」と朝令暮改を許し、設計者の競争をあおりました。いくらでも新しい形状に挑戦できる仕組みを残しておきたかったのです。これが、いわゆるメリハリにほかなりません。

　自動車と同様、家電製品をはじめ他の多くの製品にも同じような勝負する部品があるはずです。そこは、競争のチャンスを大いに残しておくことが重要です。

出力2

　ステップ3：廃番の出力1では、死んでいる部品の部品番号をコンピューターから消し去ると同時に、不要となった金型や治工具などの生産用諸機材や造りだめされてきた部品を工場から廃棄します。この結果、生きている部品だけの世界になりました。

　これに対し、ステップ5：一覧表・定員化の出力2では、生きている部品を抹消する作業になります。具体的には、生きている部品でも、代替部品があることによって不要になるケースがあります。ただ、このケースについてはなかなか実績が上がらず、数字的には大きなものになりません。この活動の重要なところは、設計者に対し、「類似部品をずいぶんと創ってしまった。今となっては一緒にできないが、最初からきちんと検討していたら、こんなに部品を生まなくて済んだ」という教訓を残す点。設計者への大事な教育になります。

　併せて、「互換性」は補修用部品を含めて常に頭に置くようにしてください。新たに整理して部品群を構築する際、互換性を考慮すると、た

とえ新部品群からはみ出しても「再使用禁止」部品として残しておく
ケースがあります。

3.6.2　最適部品モジュールの創り方とレンジ設計

　以上、ステップ1〜5で、部品群を整理・把握することができました。
ここからがいよいよ、究極の部品マネジメント、モジュラーデザインに
なります。本章を通し、部品のモジュール化をしっかりと自分のものに
してください。

　さて、実際のモジュール作業に入る前に確認しておくことがありま
す。それは、何でもかんでもモジュール化するわけではないというこ
と。第1章1.3.2で「勝負するところ、しないところ」を学んでもらい
ましたが、勝負するところはモジュール化の対象外になります。なぜな
ら、そこでは徹底的に勝負する必要があるため、顧客ニーズを再確認
し、他社に負けない絶対優位の最新技術、最新材料で最高の性能を競い
合うことが何よりも重要になるからです。

　よって、勝負しないところがモジュール化の対象になります。そうし
た部品はいったんモジュール化したら、見直しの時期が来るまでは再設
計しません。選択部品の対象リストに載せ、その中から選ばれてBOM
に組み込まれていきます。いわゆる、選択設計になります。逆にいえ
ば、部品のモジュール化やレンジ化を実施するときには、再設計せずに
済むよう、高いレベルの仕様にまとめ上げることが重要になります。た
だし、勝負しない部品でも、他社に顕著な差をつけられたり、新材料や
新工法が開発されたりした場合には、モデルチェンジなどの時期に合わ

せて再設計することを考えてください。

　さて、ここから本題のモジュラーデザインに入っていきます。説明に用いる事例は、筆者が最初にモジュラーデザインに取り組んで成功させた、オイルレベルゲージです。これは、エンジンオイルがエンジンに適量注入されているかを確認する部品。少々古い事例になりますが、モジュラーデザインを象徴すること、筆者の実践事例であることから、あえて題材にします。

　しかし、ここは急がば回れ。オイルレベルゲージのモジュール化を説明する前に、その前段階となるステップ1～5の成果、すなわち部品種類数の削減について述べておきます。

オイルレベルゲージの部品種類数削減

　図表3-8を見てください。一部にすぎませんが、テアダウン用のボードに、短い順に並べてみたオイルレベルゲージです。それまでの

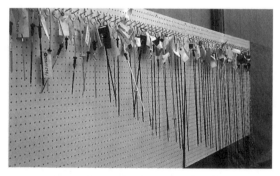

図表3-8 ● 社内に存在していたオイルレベルゲージ
写真はボード2枚分ですが、実際にはボード6枚分ありました。
（出所：筆者）

「誤った最適設計」の結果、さまざまな部分にさまざまな工夫を施し、膨大な種類のオイルレベルゲージが存在していました。元はといえば、「少しでも安くなるように」「つかみやすくなるように」「油漏れがないように」と、設計者がお客様のことをいろいろと考えて工夫した結果なのですが、それにしても、ここまでやる必要があったのかと、つい愚痴をいいたくなってしまいます。読者の皆さんは、「この会社はムダなことをしている」とお感じになるかもしれませんが、実は、多くの会社が似たり寄ったりの状況に違いないと思います。これこそが、「誤った最適設計」のリスクなのです。

　さて、ステップ1：現状部品群の収集では、オイルレベルゲージを集められる範囲で収集した結果、682点ありました（図表3-9）。続くステップ2：生死分類・仕様比較表では、死んでいる部品を把握しました。そしてステップ3：廃番で、生死を判断する基準に沿って236点を廃番

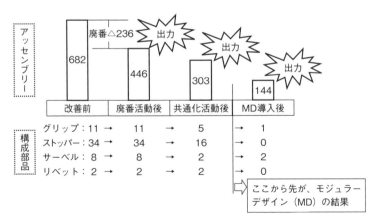

図表 3-9 ● オイルレベルゲージの種類数の変遷
ステップ1～5で、部品種類数は682点から303点に減らすことができました。
（出所：筆者）

にしたのです。この中には、基準に該当するかどうかさえ不明な部品が119点ありましたが、あいまいに決断できない文化を断ち切るため、主座の判断で、それらも含めて廃番にしました。結果、部品種類数は当初の682点から446点にまで減ったのです。

　読者の皆さんにお伝えしたいのは、こうした場面では、何よりも割り切りが必要ということです。心配していたら切りがありませんから、思い切るしかない。そして、もしものときには「ごめんなさい」をすればいいのです。こうした割り切りがないと、部品種類の削減など一向に進みません。実際、筆者の経験では、廃番にした部品がその後必要になったり、復活させられたりしたケースは、ただの1件もありませんでした。案ずる必要はないのです。

　その後、コンサルタントとしていろいろな会社を指導してきましたが、その多くが心配事ばかり並べます。心配を積み上げる、別の見方をすれば安全を積み上げると、結局いくらも減らすことはできません。絶対安全はありませんから、決断できないだけなのです。とりわけ、判断すべき立場にある経営者や管理者は、何かあったら、「ごめんなさい」と頭を下げる覚悟を持って思い切り臨めばよいのです。

　話を戻しましょう。続いては、ステップ4：類似性調査・共通化・共用化検討です。類似性調査では、共通項には何があるかを、特に機能の面から比較分析します。形態や構造は違っても機能は一緒というケースは数多くあります。機能が同じなら「共通」と判断し、異なる長さについてはレンジの問題と考えます。

　ここで、オイルレベルゲージの構造を見ておきましょう。まず、握る

部分がグリップ。オイルが熱で膨張してあふれ出たり、オイルレベル
ゲージ自身がエンジン内の圧力に負けて飛び抜けたり、油が漏れたりす
るのを防ぐ抜け止めのゴム部分がストッパー。そして、ストッパー付き
グリップにリベットでつながる検針用の長い平板がサーベルと呼ばれて
います。

　筆者らはまず、オイルレベルゲージのサーベル部分のオイルパンまで
の長さ（L_1、第3章図表3-13参照）と検知部の長さ（L_2、第3章図表
3-14参照）に加え、オイルレベルゲージを構成するグリップ、ストッ
パー、サーベル、リベットの4部品について共通項をリストアップし、
マトリックステアダウンによる比較分析表を作成しました。これが、
「一覧表」の第一歩となります。

　続く共通化・共用化検討では、生きている部品同士の共通項を確認
し、共通化を図りました。その基準は、ステップ4：類似性調査・共通
化・共用化検討のところで詳しく解説した通り、補修用部品と量産用部
品で異なります。繰り返しになりますが、重要なので改めて説明しま
しょう。

　まず、補修用部品の共通化基準は、量産用部品のようなコスト面への
配慮はあまり求められないことから、「大は小を兼ねる」戦略を考えま
す。例えばルームミラーなら、スタンダード仕様の車両にデラックス仕
様の車両向けのルームミラー（補修用部品）を取り付けても、価格を極
端に上乗せしなければ、お客様からは文句は出ません。オイルレベル
ゲージの補修用部品も、この「大は小を兼ねる」戦略で対応しました。

　一方、量産用部品については、数が多いだけにそんなぜいたくはでき

ません。コストと機能の最適化を図りつつ、近い部品を統合していきます。その際には、「誤った最適設計」に関する項目も基準に加えます。量産用部品でも、「大は小を兼ねる」戦略は適用できますが、「大」の多くはコストアップとなることから、その際の評価基準は固定費と相殺できるかどうかという点になります。共通化すれば、生産量が増加し、生産性が向上します。一定量に達すれば、自働化も期待できます。その部品が1点なくなると、固定費にどれだけ影響するか──。その範囲内であれば、コストアップを認めていくことがポイントです。

　筆者らは、オイルレベルゲージの量産用部品では、長さを中心に統合化を図りました。さらに、ガイドチューブの太さから共通化するというアイデアもありましたが、太さを変えると、補修用部品に対応しにくくなることから見送りました。結局、これ以上の統合化作業は難しく、ステップ6〜9のモジュラーデザインのプロセスに委ねることにしたのです。このため、ステップ4の共通化・共用化検討では、部品種類数はわずか143点しか減りませんでした。実は、共通化・共用化検討では、いろいろな事情を考慮していくと、この程度の数字しか達成できず、効率が極めて悪いといえます。

　それはさておき、ステップ4までで部品種類数は改善前の682点から303点に減少。構成部品のグリップは同じく11種類から5種類に、ストッパーは34種類から16種類に、サーベルは8種類から2種類に絞り込みました。

　通常は、ここでゴールですが、筆者らは、ステップ5：一覧表・定員化に進みました。部品番号をはじめ、主な寸法や材質などの諸元を記載

した「一覧表」、すなわち全体の仕様比較表（スペックのマトリックス表）を作成し、今後の選択設計がしやすいようにしました。さらに、「一覧表」から廃番になった部品を除いた、「定員化一覧表」も作成しました。定員化は既に述べた通り、勝負しない部品を対象に、どうしてもスペックや構造の変更が必要な場合に「－1＋1＝0」の原則に従い、部品を減らしてから新部品を足す、すなわち部品総数自体は絶対に増やさないというルールのこと。「定員化一覧表」では、定員化する総数分のみ書き込めるようにしておいたのです。

　自社製品の比較では、マトリックステアダウンを中心に、一部スタティックテアダウン（Static Tear Down）を実施し、**図表3-9**の成果が生まれました。一方、他社製品との比較においては、猛烈にショックを受けるほどの簡潔かつ低コストのオイルレベルゲージが存在していることに気づき、それをヒントにモジュラーデザインのベースモジュールのイメージが湧いてきました。こうした調査や比較分析の段階で、実は、相当のアイデアやヒントが収集できます。このことを、ぜひ頭に入れておいてください。

ステップ6：モジュール化対象の絞り込み

　お待たせしました。いよいよ、本丸のモジュラーデザインの解説です。まずは、**図表3-6**から、モジュラーデザインの部分だけを切り出した**図表3-10**を確認してください。モジュラーデザインのフローチャートになります。最初のステップは、ステップ6：モジュール化対象の絞り込みです。

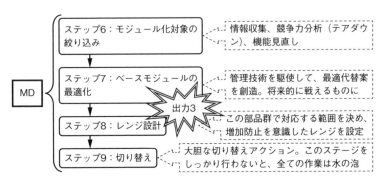

図表3-10 ●モジュラーデザイン（MD）のフローチャート
ステップ6〜9の4ステップになります。
（出所：筆者）

　このステップでは、まず、情報収集をします。対象部品の競合相手は
もちろん、自社の他の製品に使われている、対象部品と同種の部品の情
報を収集し、要求機能や関連部品との機能の持ち合い状況を整理・把握
します。さらにテアダウンなどで他社製品との競争力を比較したり、市
場のニーズや動向を調査したりしながら、モジュール化対象を絞り込ん
でいきます。

　今回、事例として紹介しているオイルレベルゲージに関しては当時、
電気的に油量を把握し、それをインパネにメーター表示する、オイルレ
ベルゲージ不要のシステムが導入され始めていました。しかし筆者が勤
務していた会社では、産業用機械へのエンジン単体販売が好調だったた
め、あえてオイルレベルゲージが存在し続けることを前提にモジュール
化に挑んだのです。

　既述した通り、把握できたオイルレベルゲージは実に682種類に上
り、図表3-8のように並べてみることにしました。読者の皆さんの中

には、「わざわざ並べなくとも、データでそろえればよいではないか」というご意見もあるかと思います。しかし、並べるからこそ問題を「見える化」し、関係者にインパクトを与えることができるのです。紙のリストを見るだけでは、「へぇー」で終わってしまいかねません。ここはもう一度、テアダウンの定義を確認しておいてください（第2章2.3.4参照）。

続いて、図表3-11は、オイルレベルゲージの機能系統図になります。基本機能である「油量を把握する」ために、「（抜き差しの）操作を容易にする」「油量を表示する」「ゲージの抜けを防ぐ」「油漏れを防ぐ」機能が求められ、それを実現すべく構造が工夫されています。

図表3-11の写真中央のガイドチューブは、オイルレベルゲージが差し込まれる相手部品で、エンジンのシリンダーブロックからオイルパン

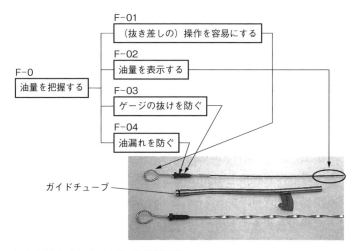

図表 3-11 ● オイルレベルゲージの機能系統図
基本機能は、「油量を把握する」。そのために、4つの機能があります。
（出所：筆者）

に入り込んでいます。写真上のオイルレベルゲージは直線用または二次元用の、写真下のオイルレベルゲージは三次元（クニャクニャと曲がって差し込める）用のガイドチューブに対応したものです。なお、オイルレベルゲージが関連する相手部品は、ガイドチューブだけで、周囲に接触する部品などは他にないことが分かりました。

　図表3-12を見てください。これが全てではありませんが、長い歴史の中で、いろいろなタイプのオイルレベルゲージが生まれました。グリップの部分だけをみても、この写真の通り。現物を並べて比較してみるからこそ、「なぜ、こんなバカなことをしたのか」と問題意識が高まります。実際には、設計者は鋼か樹脂か、鋼ならステンレス鋼のように表面処理が不要なものか、めっきや塗装を施すものかなど、その時点の美観やコスト（最安値）の観点から選択していました。

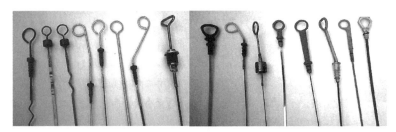

図表3-12 ●オイルレベルゲージのグリップ
機能は同じでも、こんなにも形状がいろいろとあります。
（出所：筆者）

　このように、ステップ6：モジュール化対象の絞り込みのための情報収集において、類似品の詳細を調べたり、共用化や共通化の可能性を検討したりしておくと、モジュール化のアイデアを発想する上で大いに参考になります。

ステップ7：ベースモジュールの最適化

ステップ6でモジュール化の対象が絞り込まれたら、次は、ステップ7：ベースモジュールの最適化です。

① 改善の着眼点の共有

このステップでは、将来戦える最適な代替案を創造するために、さまざまな改善手法を駆使するのがセオリーとなりますが、その前にメンバー全員で、モジュラーデザインを実施するときの基本的な着眼点を共有しておきます。

- ▶ 材質を合わせる
- ▶ 工法を合わせる
- ▶ 工程を合わせる
- ▶ 加工プログラム（加工・段取り）を合わせる
- ▶ 生産用具を共通にする
- ▶ 削り直して使える古い金型を利用する
- ▶ 素材（形状）を合わせる
- ▶ 寸法を法則化する
- ▶ 構成部品を共通にする
- ▶ 互換性を持たせる（単独互換や組互換による補修用部品対応）

この活動では、いろいろなことをいかに共通にしていくかがポイントになります。従って、ここに挙げた項目については、チーム活動を開始する前から、大きめの用紙にプリントして部屋の壁に貼り出しておくようにしましょう。意外と、分かっているようで分かっていないことが書

かれています。メンバー間で議論するときにも、「ほら、ここに書いてある」と主張すれば、話はまとまりやすくなるはずです。

　続いて、最適な代替案を創造するための代表的な改善技法を紹介します。

② VE

　VEは、オーソドックスなアプローチ法ですが、この手法を用いてスラスラとアイデア出しまでたどり着ける人は、米国VE協会認定の国際資格であるCVS（Certified Value Specialist）の中にもそう多くはいません。それだけ、機能からアイデアを出すことは難しいのです[注3-3]。

注3-3) VEの基本を実践的に学ぶなら、拙著『実践決定版 バリューエンジニアリング』（ユーリーグ出版）が、幅広いVEの考え方を学ぶなら、筆者らVEのエキスパートが書き下ろした『VEの魂』（日経BP）がお勧め。他にも、『新・VEの基本』（産能大学出版部）などをひもとくといいでしょう。VEにおけるアイデア発想のセオリーはブレーンストーミングですが、なかなか上手にできる人はあまりいません。山口善民著『3分間発想法』（産能大学出版部）は、短時間でアイデアが出てくる面白い手法です。

　実践法としては、VEの機能定義を利用し、「それは何のため？」と使用目的を話し合い、「そのために何が必要か」と議論すると、アイデアは出やすくなります。何も、模造紙にVEアプローチのワークシートを並べなくてもかまいません。

　では、オイルレベルゲージの機能を考えてみましょう。機能系統図は、前出の図表3-11を利用し、「F-01：（抜き差しの）操作を容易にする」〜「F-04：油漏れを防ぐ」の4つの機能に対して条件や制約を考えていきます。

　まず、「F-01：（抜き差しの）操作を容易にする」機能に対しては、手で操作することが前提条件になります。特に女性が操作することを考慮

し、抜く時に手指が痛くならないことや、挿入時のガイドチューブの視認性に優れることが求められます。筆者が勤務していた会社では、操作する人の標準モデルを身長 168cm と定め、その人がボンネットを開けて前かがみで操作する状況からグリップ位置の基準を決めていました。これに対して代替案を考える際には、標準モデルをもう一度見直したのです。実際に操作する人の身長は、海外の人も想定すると、150cm くらいから 200cm くらいまでと幅広い。そこで標準モデルにはあまりこだわらず、特に身長の低い人が届かないことがないように配慮した基準に変更しました。

　「F-02：油量を表示する」機能には、オイルの上限と下限の位置が見えることが必須。油が汚れている状態でも、きれいな状態でも、油面の高さがどの位置にあるかを容易に視認できることが求められました。

　「F-03：ゲージの抜けを防ぐ」「F-04：油漏れを防ぐ」の両機能が必要となるのは、過去に、エンジンの内圧の上昇と共に、オイルレベルゲージがスポンと飛び抜けたりするトラブルが起きたためです。そこで、エンジンごとに内圧が異なるという使用条件の下、ガイドチューブからオイル漏れが発生しないこと、共通の構造にすること、絶対に内圧に負けないことが要求されました。

　こうした制約条件に、さらに「三次元形状が可能なこと」が追加されました。これは、オイルレベルゲージはレイアウトの犠牲にされ、しばしば三次元的に曲げられてしまうことがあるためでした。

　ここに挙げた制約条件は、次に紹介するテアダウンの評価による制約条件と全く同じとなったことから、「安かろう、悪かろう」にはならな

い将来戦える要求機能・制約条件と考えられました。こうした VE の
ジョブステップはお勧めです。少なくとも機能系統図と制約条件の確認
はきちんと実施するようにしましょう。

③　テアダウン

　次に紹介する、最適な代替案を創造するための改善技法は、テアダウ
ンです注3-4)。これまで何度も述べてきたように、テアダウンは比較分析
手法であることから、よい比較対照サンプルさえあれば、比較的簡単か
つ短時間に分析しアイデアを発想することが可能です。しかも、実施事
例を基にしていますから、説得性は自ずと高くなります。ただし、実施
事例の実施時期には十分留意してください。実施時期はいつか──。
「あの会社がやっているから」といっても、相当古いかもしれないから
です。仮に古かった場合には、それをもう一ひねりしてよいアイデアに
つなげてください。マトリックステアダウンやプロセステアダウン、ダ
イナミックテアダウン（Dynamic Tear Down）など、各テアダウン分
析の特徴をもう一度確認し、最適な手法で実践すれば、想像以上によい
分析とヒントに巡り合うことになるはずです。

注 3-4)　自動車メーカー各社は、テアダウンのような比較分析手法をいろいろな呼び方をしています。例えば、ト
　　　　ヨタ自動車は「ベンチマーキング」と称し、本社の技術センターで展開しています。マツダは、日本語で
　　　　「テアダウン」、英語では「GVE（Group VE）」活動と名付けて実践しています。ちなみに、同社の中
　　　　には、GVE を「Ganbaru VE」といっている社員もいます。両社共に、世界中で発売された戦略車種を
　　　　選定し、比較分析をしていました。テアダウンは、自動車メーカーだけではなく、家電メーカーや建機
　　　　メーカーでも展開されています。拙著『テアダウンのすべて』（日経 BP）や、DVD『テアダウン実施マ
　　　　ニュアル』（安井電子出版）などが参考になります。

　今回のオイルレベルゲージのケースでは、ステップ 1：現状部品群の
収集時に、自社製品だけではなく、参考として他社製品の情報も加えま

した。他社製品や、他社でも海外製品については、自社の文化と異なる狙いを持って設計している可能性があるため、重要な比較対照品となります。実際、オイルレベルゲージのテアダウンでは、それらとの比較分析から大いにヒントを得て、海外製のオイルレベルゲージを参考にした代替案が提案の中心になりました。自動車部品ではない家電製品や日用品なども、アイデア発想のヒントになるため、比較対照品は幅広く選ぶとよいでしょう。

④ ベースモジュールの構築

VEによる機能整理とテアダウンによる比較対照分析の結果、要求される条件などがまとまりました。ここからがメーンイベント、ステップ7：ベースモジュールの最適化になります。具体的には、アイデアを出し合い、ベースモジュールを構築していきます。オイルレベルゲージの場合には、生産性を考慮しながら詰めていきました。**図表3-13**が、三次元用オイルレベルゲージの最終製品の写真になります。

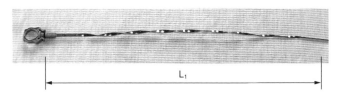

図表3-13 ●オイルレベルゲージの最終製品
写真は、クネクネと曲がる三次元用のもの。
（出所：筆者）

まず、グリップの樹脂化はすんなりと結論が出ました。「種類は１つ、全てのオイルレベルゲージで共通化する」と。つかむ位置の高さについ

ては、従来の設計基準を見直し、お客様の身長差を考慮して少し幅を持たせた分、ガイドチューブを少し犠牲にしました。この過程で、片方（オイルレベルゲージ）をきちんとしたレンジにする場合には、もう片方（ガイドチューブ）で寸法調整できるようにしておくとやりやすいことを発見しました。

　次に、グリップと一体になる「油漏れを防ぐ」部分には当初、ストレート形状として二重のOリング構造を適用することを考えました。しかし、他社の事例と何案かのテスト検証の結果から、引き抜きやすいテーパ形状の軸と一重のOリング構造の組み合せで機能を十分果たせることが分かりました。

　サーベル部分については、三次元曲げに対応しやすいワイヤー化のアイデアが出ましたが、連続成形しにくいことや油面位置の視認性が悪いこと、視認性をよくするために別部品は付けたくないことなどから、やはり平板形状とし、二次元形状用と三次元形状用に分けることにしました。それぞれの材質や板厚、幅は統一した上で、二次元形状用をベースに三次元形状用はねじり形状にしました。結果、サーベルは2モジュールに。ただし、将来もう少し視認性のよい三次元形状に対応する材料が出てきた時点で、変更する含みを持たせておきました。

　オイルの検知幅（L_2）は、サーベルの材料を切断すると同時に小さな穴を開けることで表示するようにしました（図表3-14）。改善前には、「Up」「Low」や「上」「下」といった文字表示により検知幅を示すタイプもありましたが、「それは本当に必要か」という議論から、最終的には「穴が2つ空いていれば、誰でも分かる」という結論に達し、文字表

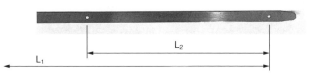

図表 3-14 ●オイルの検知幅
文字ではなく、穴開けで表示するようにしました。
（出所：筆者）

示をやめて小さな穴を設ける方法に切り替えたのです。すると何と、世界共通の表示方法を確立したことになり、大幅な部品数削減効果が得られました。

　生産性の面でも、さまざまな改善が図られました。まず、グリップを成型する射出成型用金型に、平板のコイル材を連続的に挿入し、インサート成型で一体化する方式を採用しました。サーベルの長さは、後述するレンジ化をしておき、必要に応じて変更します。実際には、射出成型中に、射出成型機の手前に設置したプレス機で切断することで決定するようにしました。さらに、サーベルの長さの変更に伴うプレス工程の段取り替え時間を実質ゼロにするため、射出成型のサイクル時間内での段取り替えも実現しました。

　上述したオイルの検知幅も、切断と穴開けの同時成形を実現したことから、生産性の向上に寄与しています。そして、射出成型機とプレス機を直列につないで連続生産することにより、中間在庫をゼロにすることも可能になりました。

　オイルレベルゲージの事例では、製品設計時にものづくり工程を想定した設計、具体的には最も効率のよいものづくり工程が取れる設計を実施することの重要性を身をもって体験しました。

　ここでは、最適代替案を創造するための手法として VE やテアダウンを紹介してきましたが、製造・組み立て容易性設計（Design for Manufacture & Assembly、DFMA）なども有効です。こうした管理技術を駆使し、生産面を含めて最適化しながら、向こう 10 年、いや 20 年通用するベースモジュールを創り上げることこそが何より大事です。安易なアイデアだと、すぐ改良したくなり、ベースモジュールが「基本（ベース）」でなくなってしまいます。

　DX の時代です。ぜひ、人工知能（AI）などを利用し、出てきたアイデアがいつでも使えるような「アイデアチェックリスト」も整備してみてください。既存のチェックリストについては、CD-ROM『コスト・イノベーション設計 支援ツール』（日経 BP）に収録してあります。

ステップ 8：レンジ設計

　ステップ 7 でベースモジュールを最適化したら、次に実施するのは、ステップ 8：レンジ設計です。部品の増加防止を意識しながら、寸法などの範囲を決めます。

①　法則を持ったレンジ化の必要性

　寸法などをレンジ化する狙いは、部品のランダムな増加を防ぐ点にあります。一定の法則でレンジ化することにより、中途半端な寸法の部品が割り込みにくくなるからです。筆者が、オイルレベルゲージに採用した、レンジ化の「法則」には、日本産業規格「JIS Z 8601」に定められている標準数を用いました。標準数は、工業製品の寸法などを決める際

に基準となる数字のことです。

　具体的には、サーベルの全長は JIS Z 8601 の「R40」、検油部の長さは同じく JIS Z 8601 の「R20」の標準数を採用しました。これらの標準数は、「1.00、1.12、1.25、1.40、…」と等比数列を成していますが、その後のモジュラーデザインにおけるレンジ化ではしばしば等差数列のものも活用しました。要は、法則を決めればいいのです。

　過去において、オイルレベルゲージの種類が増えに増えたのは、その都度「誤った最適設計」を実施したことに加え、サーベルの全長の微妙な違いがありました。そこで、前述したような構造上の最適化を図り、モジュールの種類はほぼ最少に減らしました。残る問題は、サーベル長さのレンジです。

　それまでのサーベル長さの決め方は、次のようなものでした。まず、標準的な身長の人を標準モデルとして、点検時のグリップの位置を決定。これにより、エンジンのオイルパンまでの長さと油面の位置が定まるため、サーベルの長さが決まる──。

　筆者らは、ここで逆転の発想をしてみました。「もし、オイルレベルゲージ側の長さを規定したら、何か不都合なことはあるだろうか」と。操作する人の身長や腕の長さにもバラつきがありますし、ガイドチューブの長さもある程度の自由度はあります。「ならば、オイルレベルゲージの長さに制約条件を付けても問題はないはずだ」と考え、以下のようにしました。

　▶ オイルレベルゲージの長さの設定に法則性を持たせる

　▶ ガイドチューブは、新しいオイルレベルゲージとの互換性を考慮、

エンジン側と挿入口は同一形状とし、長さと曲げ方は自由とする。
そもそもガイドチューブは、エンジンが類似でもレイアウトで異
なる。すなわち、現行のエンジンのオイルレベルゲージと互換性
はある

▶ 検知幅とその位置の設定は、近いオイルレベルゲージを基準にガ
イドチューブの長さで調整する

こうした方針に基づいて、オイルレベルゲージのレンジ化を実施しま
した。

② オイルレベルゲージのレンジ化

オイルレベルゲージの長さの設定に法則性を持たせる——。従来は法
則がなかったために、各設計者が自由に長さを設定し、結果として種類
が増えてしまっていました。そこで、サーベルの検知位置までの長さ
（L_1）は、上述の JIS Z 8601 の R40 の等比数列を導入し、最短 100mm
から最長 1500mm の間で設定しました（**図表 3-15**）。等比数列ですか
ら、理論上は 48 種類が決まります。

一方、油面の検知幅（L_2）は、同じく JIS Z 8601 の R20 の等比数列
を採用し、最小 10mm から最大 71mm の間で 18 種類を決定しました。
そして、L_1 と L_2 については自由に組み合わせてよいことにしたのです。

すると、その組み合わせの数は理論上、48 種類 × 18 種類 ＝ 864 種類と
なり、部品数がスタート時点の 682 種類よりも増えるようにみえます。
ところが、実際のエンジンに当てはめて組み合わせを設定してみると、
それほどは必要なく、144 種類で済むことが分かりました（**図表 3-9**）。

図表3-15 ●オイルレベルゲージのレンジ化した寸法
JIS Z 8601 の標準数を用いて設定しました。
（出所：筆者）

サーベル寸法									単位：mm
L₁ 下記の表より長さを選択									
表中の色塗り部分はなるべく使用しない									
100	106	112	118	125	132	140	150	160	170
180	190	200	212	224	236	250	265	280	300
315	335	355	375	400	425	450	475	500	530
560	600	630	670	710	750	800	850	900	950
1000	1060	1120	1180	1250	1320	1400	1500		
＊上記の数字は、基本数列 R40 の標準数で設定（端数四捨五入）									
L₂ 下記の表より長さを選択									
表中の色塗り部分はなるべく使用しない									
10	11	12	14	16	18	20	22	25	28
32	36	40	45	50	58	63	71		
＊上記の数字は、基本数列 R20 の標準数で設定（端数四捨五入）									

そして、これらの部品番号に関しては変更の機会に合わせて順次取得していくことにしたのです。

　ちなみに、製造側からいうと、上述のステップ7：ベースモジュールの最適化の中で説明したように、部品の種類がいくら増えても、段取り替え時間がゼロであれば生産性は変わらず、1個流しも可能です。ただし、部品番号別の管理だけが増えることになります。

　ここまでの説明でお気づきだと思いますが、部品種類の削減は、どの部分に自由度を持たせ、どの部分の自由度を犠牲にするかで決まります。例えば、自動車の設計にあてはめて考えてみましょう。自動車の設計は通常、シャシー→ボディーの全体→ボディーの小物部品→ボディーに取り付ける部品の順に進みます。この際、ボディーに合わせて取り付

ける部品を設計していたら、種類数は増えるばかりです。

　そこで、発想を逆転します。ボディーに取り付ける部品を共通化・標準化し、それに合わせてボディーを設計します。ただし、デザインを左右する外板パネルは車種間で共通化しにくいため、ここには自由度を持たせる。一方、これに取り付けるインナーパネルやブラケットなどの部品については自由度を犠牲にして標準化する。このように、自由度を持たせるのか、犠牲にするのかは、部品の特性を考えて決定していくことが重要になります。従来の分業の仕方を変えていけば、部品数マネジメントはさらに進化していくことになるでしょう。

③　法則を持った部品群の整備

　ベースモジュールの最適化ができたら、そのバリエーションを準備します。自動車や家電製品、日用品といった一般耐久消費財では、お客様のニーズによって大きさや出力がそれぞれ異なります。例えば照明器具では、電球は 20W、40W、60W などと 20W 間隔に準備されており、大型の照明器具には電球を何個か組み合わせて使います。これは、20W 間隔という法則があるが故に、他社の製品との互換性まで出てきます。お客様も、20W では暗いからと、30W にしようとか 35W にしようとかは言いません。

　このようにモジュールのバリエーションが一定の法則を持つと、ランダムな数値の明るさや長さ、太さというものが生まれてきません。それ故、モジュラーデザインでは、この法則を部品の増加防止や選択性から推奨しているのです。実際には、最適なベースモジュールが生まれた

ら、そのサイズなどの仕様を等比数列や等差数列にのっとって設定し、ランダムな仕様が発生しにくいように部品のラインアップを整えます。これを「部品群」と呼ぶのです。

◀ コラム 現場の裏話［22］▶

理屈っぽい設計者を納得させるには重い基準が必要

何か重い基準を法則にすれば、簡単には変更されまい――。理屈っぽい人が多く議論が割れやすい設計者にレンジ化を受け入れてもらうために、最初に採用したのが JIS Z 8601 の等比数列でした。一定の権威のある「重い基準」の JIS を参照することで、設計者に文句を付けにくいようにし、オイルレベルゲージを完成させたのです。このときには本文で説明した通り、等比数列の R20 と R40 を引用して部品群を創り上げましたが、その後は、比較的分かりやすい等差数列を多用しました。

ちなみに、等比数列については、JIS 制定以前の日本鉱工業品の規格である JES にも、寸法標準数（JES 第 3 号類別 Z1）と等比標準数（JES 第 4 号類別 Z2）の 2 つの規格がありました。これらの廃止に伴い、標準数を再検討し、国際性〔国際標準化機構（ISO）〕を考慮して JIS の等比数列が制定されたのです。

レンジ化を初めて実施する際には、こうした権威をうまく利用して周囲を納得させましょう。その上で、習慣化していけばレンジ化は自ずと定着し、部品数の増加防止に大きく貢献します。

ステップ 9：切り替え

ここまで見てきた通り、ステップ 6：モジュール化対象の絞り込み、ステップ 7：ベースモジュールの最適化、ステップ 8：レンジ設計の 3 つのステップを通し、素晴らしいモジュラーデザイン、すなわち代替案が

出来上がりました。ただ、その代替案への切り替え業務は一見、優先順位が低く感じられます。従来の部品構成で、何も対外的な問題は起きていませんし、目の前の業務の方が優先順位は上になります。そこで、ついつい後回しになっていく——。

　しかし切り替えなければ、今までの作業は棚上げしたのと同じこと。ジレンマに陥る作業ですが、スピード第一と考え、早く身軽になって業務効率を上げていかなければなりません。一気に切り替えれば、数量効果が生まれます。

　とはいえ、今回のオイルレベルゲージの場合、一気に全てのオイルレベルゲージを変更できたわけではありません。何しろ、エンジンに付いている部品のため、全てのエンジンを一斉には変更できない事情があるからです。

　エンジンの年式は、車両に搭載されていると、車両の年式ごとに付与されます。代替案に変更するのは、そこが大きなチャンスになります。一方、エンジンを単体で販売している場合には、お客様がそれを重機や農機などに搭載します。すると、売る側にとっては、エンジンは商品になりますが、購入するお客様にとっては、重機や農機の部品の一部にすぎません。従って、売る側から、おいそれと年式うんぬんを言うわけにはいかないのです。サービスマニュアルや補修用部品のサービスパーツマニュアルの変更も伴いますから。

　さらに、代替案の登場により、旧型のオイルレベルゲージが残ることになります。それらは「再使用禁止部品」に指定し、次期設計に使用してはならないという扱いにしました。当然のことながら、一時的には新

型と旧型が併行して存在するため、補修用部品も入れたオイルレベルゲージの総数は、モジュラーデザインに取り組む前の303種類を超える時期があります。しかし、ここは我慢のしどころ。いずれ、モジュラーデザインで絞り込んだ144種類に収れんしていきます（図表3-9）。

　結局、代替案への切り替えは、切り替えのためのリソース投入や目の前の仕事との優先順位などを鑑み、部分改良や全面改良などの変更の機会ごとに実施することにしました。実は、ここが、筆者としては後々悔いが残ったところなのです。思い切って、全数を半年もしくは、年式が変わる1年以内に切り替えてしまったらよかったのに、と。ガイドチューブの径は変更せず互換性は十分確保されていたため、切り替えようと思えばできないことはありませんでした。しかし、部品数以外にも多くの課題を抱えていた中で判断を求められ、優先順位の付け方を誤ってしまいました。読者の皆さんは決して、ここを見誤らないでください。今日のような時代こそ、早くスリムにならなければなりませんから。

　そのためには、まずあるべき論で、対象部品の改善に取り組む前に切り替えのタイミングをしっかりと考えておくこと。その上で、モジュラーデザインを可及的速やかに実行し、新たに生まれる機種にはモジュール化された新たな部品が搭載されるようにしてください。部品数削減は、他の案件に押されて後回しにされやすいテーマですが、実施すれば、見えない固定費やサービス部品が減少し、会社が身軽になれる大きなチャンスになります。

3.7　バリエーション戦略

　部品の把握・整理に始まり、モジュラーデザインを実施することによって、法則を持った部品群ができました。この部品群の差異は主に、ボディーはじめ部品を取り付ける相手先に対応するためのものです。しかしどんな商品でも、その差異とは別に、機能面における差異も求められます。競合製品との差異だったり、自社製品の中における販売戦略上の差異だったり。特に後者については、放っておくと、普及版から高級版までどんどんと広がりが出てしまい、拡散（プロリファレーション）が始まります。共通化と拡散をどう整理していくのか、次に考えてみたいと思います。

①　色違いの扱い

　自動車や家電製品をはじめ、色の違いによって大きく見せたり、雰囲気を変えたりする商品は多くあります。代表的なのが、流行色で商品イメージに差異をつける戦略です。ただ、カラーリングを変えれば当然、新たな部品番号が発生します。

　例えば自動車のドアハンドルの場合、デザイナーによってボディーカラーと同じ色にしたり、めっきにしたりします。まず、こうした金型を用いて造る部品については最低限、治具や金型を共通に使えるようにすることが重要です。その上で、アクセサリーや付属品を着けたり着けなかったりします。次に、販売商品用のバリエーションは、塗色のみで対

応し、補修用部品については、最も薄い色あるいは最も数多く売れた色を指定します。この指定の色とは違う補修用部品のオーダーがあったら、販売店でお客様の求める色に塗り直す戦略を取る自動車メーカーもあります。

このような場合には、1枚の図面に、色違いも含めていくつもの部品をマトリックスにして番号を取得し、代表品番で管理する多品一葉図にするとよいでしょう。部品番号を検索すると、代表品番の図面が出てきます。こうして管理することにより、補修用部品の提供や発注先の統合も図れます。

デザイナーにも、部品数を最少化するための色の選択や妥協は必要です。それと共に、企画段階から、量産用部品と補修用部品をどうするかを考えていくよう心掛けてください。

②　他機種への流用

自動車や家電製品、日用品などの一般耐久消費財では、基本機能が類似で、追加機能によって標準バージョン（スタンダード）や高級バージョン（デラックス、スーパーデラックス）などと、商品価値に差異を付けたりする戦略があります。ここで重要になるのが、他機種への流用です。

トースターを例に、パンの焼き上がりを知らせるタイマー機構で考えてみましょう。標準バージョンでは「チン」と音が鳴るタイマー機構を、高級バージョンでは「パンが焼き上がりました」と音声で案内するタイマー機構を採用するとします。両者のタイマー機構は異なるもの

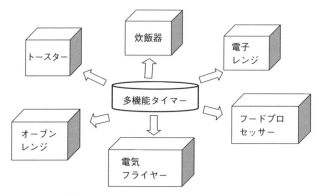

図表 3-16 ● 機能部品の他機種への流用例
1つの機能部品が多くの製品に使われるようにすれば、部品増加は防止できます。
（出所：筆者）

の、それぞれタイマー機構の部品群として、トースターだけではなく、電子レンジやジューサー、餅つき機など、多くの製品に流用することが可能です（図表3-16）。逆に、それぞれのタイマー機構が取り付けられるように、寸法を含むサイズや取り付け環境に合う部品群を整備しておけば、各製品のグレードに合わせて組み合わせてもらえるようになります。

　トースターだけ、電子レンジだけでは、生産量はたかが知れていますが、他の製品にも流用されるとなると、一変します。数量がある程度まとまり生産性が向上すると、数量によっては自働で生産するプランさえ持ち上がることでしょう。これが、「Modular Design for Wide Variation」という考え方です。

　こうすることで、1つの部品群が各種製品に横展開されるようになります。これを第2章2.3.4のマトリックステアダウンを活用して整理しておくと、例えばドライフルーツメーカーといった新機種をラインアッ

プに追加する際に、タイマー機構に関してはリストの中から最もふさわしいタイプを選んでBOMに加えれば、新たなタイマー機構が不要になります。同時に、選択したタイマー機構の生産量は増えることになり、一挙両得となるのです。

ここに示した例は、筆者がコンサルタントとして指導していた、ある家電メーカーの実話です。一見、簡単なようですが、実現は困難でした。あるタイマー機構を電子レンジと炊飯器に流用しようとしたところ、なかなか容認してくれません。「自分のところのものを使うならいいけど、他のところのものはちょっと…」とか、「そちらのものは、音が悪い」とか、いちいち難癖をつけるからです。

そこで筆者は、担当者レベルではなく、その上の幹部クラスと直接話すことにしました。そして、その幹部から調整してもらった結果、ようやくゴーサインが出たのです。要は、セクショナリズムの壁は結構高くそびえています。幹部の関心が高いこと、各管理者が「部品数削減は採算性をよくする」と本気で信じていること、それが部品数削減を実行する上ではとても重要なポイントになります。

◀ コラム 現場の裏話［23］▶

うちの方に合わせてくれるなら歓迎するけど

ある家電メーカーに招かれてモジュラーデザインの講演を行いました。それから数週間後、主催者から苦情を言われたのです。

「先生は、『色違いの電子レンジの電源コードとトースターの電源コードを一緒にしてみたら』と提案されましたが、電子レンジの設計部隊もトースターの設計部隊も、「うちの方に合わせてくれるなら歓迎するけ

ど」と譲らない。結局、色違いの２種類のコードはいまだに統合できず
にいます」。

　講演していたときには、筆者の提案に対し、たくさんの方から「素晴
らしい」と拍手を頂きましたが、いざ自分の問題になると、電源コード
でさえ全く何も変えられずに昔のまま。何と情けないことでしょうか。

　読者の皆さんは、他人事と思われるかもしれませんが、ご自分のテー
マだったらどうされますか。人間のこだわりは恐ろしいものです。こう
したところから気持ちを入れ替えていかないと、ここで紹介したような
ケースは夢のまた夢でしょう。

3.8　部品モジュールとユニットモジュールと製品

　ここまでは部品モジュールについて解説してきましたが、本節からユ
ニットモジュールに話を移します。ユニットモジュールとは、一口でい
えば、部品群の集合体になります。

3.8.1　組み合わせ設計

　まず、図表 3-17 を見てください。最適部品から部品群、ユニットモ
ジュール、製品へと組み合わせていくイメージを示したものです。この
図を詳しく解説しましょう。

① 部品群と最適設計を施したベースモジュール

　まず、Ⓐ部品群、Ⓑ部品群、Ⓒ部品群はそれぞれ、ベースモジュール
となる部品を最適設計することから始まる、同類同名の部品集団です。
重要なことは、たまたま過去の部品が寸法的にちょうどいいからと、流

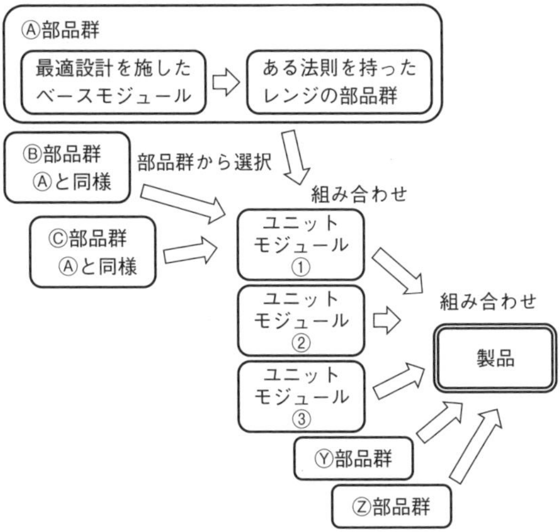

図表 3-17 ●組み合わせ設計の考え方
最適部品から部品群、ユニットモジュール、製品へと組み合わせてい
きます。
（出所：筆者）

　用（共用）してはなりません。そうしてしまうと、次のマイナーチェン
ジなどの機会に必ず変更の憂き目に遭うことになってしまいます。

　近未来や未来の製品を構成する部品は、お客様のニーズに基づいて必
要機能を確認した上で、最新の材料・工法をベースにした新部品とすべ
きです。VEやテアダウンなどの各種改善手法を駆使し、その時点で考
えられる、最適な部品として創造しなければなりません。もちろん、コ
ストも組み立て性もメンテナンス性も含めて。可能なら、近未来のイン
フラも視野に入れます。さらに欲張って従来部品との取り付け互換性ま
で考慮できたら、200点満点。コストは将来的に十分競争力のあるもの
とし、この最適モジュールをベースにシリーズ（群）展開します。

　要は、旧来の部品は、これを機会に見直せということなのです。

②　ユニットモジュールとは

　製品を構成する部品はそれぞれ部品群を成し、組み合わせる製品に合わせてサイズが選択されます。部品群が最適設計されているということは当然、コストは最適、機能は他社に勝りますから、これらを組み合わせた製品、すなわちユニットモジュールも最適になるはずです。ただし、部品やユニットを組み合わせる際には、部品間の組み立て性や合わせ品質、ユニットモジュール間の組み立て性や合わせ品質に十分配慮してください。

　続いて、ユニットモジュールに、さらにユニットモジュールや単品の部品が加わることで、製品は順次出来上がっていきます（図表 3-17）。こうしたユニットモジュールの大きさは、組み立てラインの状況や部品供給のサプライチェーンによって変わります。自動車業界や電子・電機業界では、最初は自社の得意な部品を納入しますが、売り上げ規模を大きくするために、周囲の部品を取り込んでユニットモジュールとしての納入を提案するようになります。その際、ユニットモジュールの付加価値を高めるには、内製（自社製）部品を増やすことが重要になります。

　こうして、例えば単品のプラスチック部品を生産していた部品メーカーが、プラスチック部品の集合体にメーターを組み込んだり、さらにはエアバッグやエアコン部品を組み込んだりして、インパネモジュールを担当するメーカーになります。自動車メーカーからすると、その部品メーカーには企画段階から参画してもらい、開発の都度、デザインだけを提示し、インパネの設計自体は全面的に任せてしまいます。こうなると、その部品メーカーはもう、自動車メーカーにとっては切り離せない

存在となります。最近のティア1メーカーの中には、自動車メーカーより車づくりも売り上げ規模も上をいくところがいくつも出てきました。このように、ユニットモジュールは、会社の戦略としても重要な目の付けどころになっているのです。

　図表3-18は、「フロントエンドモジュール」と呼ばれる、ユニットモジュールの一例です。井桁状に組まれた黒いパネル（マウンティングブラケット）に、エアコンのコンデンサー（手前）やラジエーター（コンデンサーの後ろ）、ヘッドランプ（両脇）[注3-5]、ラジエーター冷却液のオーバーフロー用サージタンク（ラジエーターの裏側）などを一体化しています。当然のことながら、ラジエーターやサージタンクなどは、部品モジュールとして最適設計を施されたものから選択され組み込まれています。

図表3-18 ●フロントエンドモジュール
エアコンのコンデンサー（手前）やラジエーター（コンデンサーの後ろ）、ヘッドランプ（両脇）などを一体化しています。
（出所：マークラインズ、https://dictionary.marklines.com/ja/front-end-module/）

注3-5）両脇のヘッドランプも、ある意味では小さなユニットモジュールです。ヘッドランプと方向指示器に加え、近年ではクリアランスセンサー（部品モジュール）などを組み込んだ「コンビネーションランプ」としてユニットモジュールを形成しています。

　こうしたユニットモジュールは、メインラインの外やティア1の工場であらかじめセットされ、組み立てラインに供給されます。上述のフロントエンドモジュールの場合には、エンジンルーム内の組み立てが終了した後に組み付けられ、エンジンルーム内の組み立て性や組み立て品質の向上に大きく貢献しています。ユニットモジュールになる前は、1部品ごとに組み立てラインで組み付けをしていましたから、隔世の感があります。

3.8.2　ユニットモジュール化の歴史

　ここで、少しユニットモジュール化の歴史を振り返っておきましょう。そこには、ユニットモジュール化に成るべく必然がありました。

①　総組み立てラインの混流生産ライン化

　1970年代から1980年代にかけて、日本のものづくりは世界一と賞賛され、とりわけ自動車や家電製品は内外需共に絶好調でした。

　当時の生産ラインは、製品ごとの専用ラインが主流。例えばトヨタ自動車の「カローラ」の場合には、組み立てラインが6本も7本も存在していました。現場では、同じ商品が同じラインを流れます。右ハンドル車と左ハンドル車、スタンダード車とデラックス車では多少の工数差がありますが、それを吸収できるように組み立て順を工夫するといった対応により同一ラインを実現していたのです。

　一方、家電製品では、一定の時間を決め、ある時間帯はバリエーションA、次の時間帯はバリエーションBを流すなど、タクト時間が均一に

なるように運用していました。他にも、総組み立てラインにおける工数のバランスを取るために、メインラインの横でサブ組み立てを行うなどの工夫も見られました。

しかし、自動車も家電製品も、多くの人に商品が行き渡りだすと、今度は競争に勝つために製品の多様化が始まりました。結果、自動車業界では、機種（車種）だけが増えるものの、販売の総量はあまり増えず、専用ラインで組むほど量がまとまらないという問題が発生しました。その改善策として進み始めたのが、混流生産ライン化です。

実は、筆者が勤務した自動車メーカーでは、もともと同一製品の生産量が多くなかったために、1961 年の藤沢工場創業時からずっと混流生産方式を取り入れていました。ライン内では、機種違いでも工数違いでも吸収できる工夫が行われていたのです。これに対し大量に生産できる機種を持つ自動車メーカーでは、量による効率を求めていたために混流生産の導入は相当遅く、今世紀に入ってようやく開始しました。それでも、新聞などのメディアは大きく取り上げていました。

自動車の総組み立てラインにおける問題は、作業工数のバランスだけではありませんでした。自動車の車体の大きさが限られていることから、人間が組み立てるには、作業性が極めて悪いという問題もありました。そこで現場では、組み立て品質を維持するためのさらなる工夫が求められ、大型のサブ組み立て化、すなわちユニットモジュール化が取り入れられたのです。

②　組み付け部品が増え、総組み立てラインの長さが不足

当初は、自動車業界も電子・電機業界も、最終組み立てラインの規模や設備、タクトタイムなどによって、組み立て部品の供給方法をコントロールしてきました。ラインのタクトタイムに合わせて実施する、ラインサイドでのサブ組み立てがバッファーになっていたのです。

その後、同じラインを流れる製品の構成が大きく異なり始めました。例えば、スタンダード車とデラックス車では、工数が2倍異なるといった具合です。加えて、単品組み立てラインが混流組み立てラインに変わりつつあったことから、ラインで組み立てる工数を極力バランスよくするために、まとめやすい構成部品単位でラインから外し、別のところでサブ組み立てする方式に移行していったのです。これも、ユニットモジュール化の大きな要因になりました。

コンサルタントとして訪問した家電業界の組み立てラインは、比較的短いという印象を持っていますが、その多くが伸ばそうと思えば容易に伸ばせるなど、手を入れやすいところがう羨ましく思いました。これに対し、筆者がいた自動車業界の総組み立てラインは、大掛かりな設備が立ち並び、工場の入り口から出口まで目いっぱい使っているところがほとんど。とりわけ、各種検査や出力確認を実施する最終工程は、法規対応や安全性確認を目的に大型の検査機器を導入していたため相当広い面積が必要になりました。しかも、製品（自動車）は各種検査を終えると、出荷用のプールへと移動することから、最終検査工程は工場建屋の出口付近と相場が決まっていたのです。こうした諸々の事情から、たとえ新機種で部品が増加したからといって、ライン延長などで応えることはで

きませんでした。

　一方、組み付け部品に目を向けると、各種機能部品がマニュアル仕様からオートマチック仕様になったことをはじめ、カーオーディオの4スピーカーシステムやETC（自動料金支払いシステム）、ドライブレコーダーなど新たな機能が追加されたことなどにより、装備品がどんどんと増え、従来の組み立てラインのタクト内では組み付け切れない状態になりました。無論、上述した通り、この問題をライン延長で解決することはできません。結果的には、組み立てラインでの組み付け範囲を絞り込み、そこからはじき出されたサブ組み物については、ライン外での組み立てになったのです。

　とはいえ、かつてのように、ラインサイドでサブ組み立てをするほど、工場のラインサイドには余裕がありません。そうなると、外注化です。そして納入品には、搬送しやすいことやメインラインで組み立てしやすいことが求められるようになり、これもユニットモジュール化を加速させた要因となりました。

　この状況は、家電業界なども同様で、先端機器の電子部品ユニットなどは外注化し、ユニットモジュール化が進んでいきました。

③　合わせ品質と作業性を同時確保

　日本製品は、品質の良さを売り物に世界の一流に上り詰めました。筆者は、それを象徴するような光景を、米カリフォルニア州の自動車販売店で目にしたことがあります。トヨタ自動車とGMの合弁会社で、同州フリーモントにあったNUMMI（New United Motor Manufacturing）

で製造した「カローラ」が4000米ドルのディスカウントになっていたのに対し、日本から輸入した「カローラ」には2000米ドルのプレミアムが付いていたのです。

　この価格差の要因はズバリ、組み立て品質の差でした。日本製のドアオープニングラインは、全周にわたって均一。ドアの締まり音も米国製とは明らかに異なり、いかにも品のよい自動車に仕上がっていました。お客様は品質に敏感で、商品性は命です。ライン内でも高いレベルの組み立て品質が求められ、それに日本の製造部隊は見事に応えていたのです。

　ところが、そんな製造現場では、ラインのスピードが上がったり部品数が増えたりしたことから、タクトが合わないなど多くの問題が噴出し始めました。さらに、部品類の機能の向上に伴い、構造自体が複雑化してきました。こうした条件の下、瞬きをする余裕さえない繁忙な組み立てラインにおいて、品質を安定的に確保するのは至難の業となってきたのです。

　加えて、特に自動車や重機械の製造現場では、作業員の組み立て姿勢の問題が顕在化してきました。潜ったり、またいだり、のぞいたりと、無理な姿勢をしつつ、時には大きな質量の部品を支えながら、手探りで組み立てる──。そんな作業環境の中で、品質を維持するのも、次第に困難になってきました。

　こうした問題を解決するためには、別の場所で品質を確実に造り込みながらユニット化する──。そうすれば、品質が向上する上、本体との合わせ品質も確保できます。すなわち、ユニット化が進んだ大きな理由

は、総組み立てラインのタクトを気にせずに組み付け性と合わせ品質の向上を図ることと、作業員の作業性を確保し安全と健康を守ることにありました。

④　部品の統合化

　自動車も家電製品も、どんどんと多機能化し、都度部品が増加してきています。ユニットモジュール化が進むと、1つのユニットをまとめ上げるために、そこに集合する部品を一体化したり共用化したりすることがやりやすくなります。例えば、前述のフロントエンドモジュールでいうと、コンデンサー、ラジエーター、ヘッドランプ、サージタンクなどをそれぞれ取り付けるためのブラケットを一体化すれば部品点数は減少します。

　インパネ、俗にいうダッシュボードも同様です。今や、その中には、スピードメーターやエアコン、ETC、カーオーディオ、自動運転の制御機器、ドライブレコーダーなど、コンピューター制御による機器類が満載されています。しかし、それぞれの機能ごとにコンピューターを付けていては、コンピューターがいくつあっても足りません。そこで、これらを一括して制御できるコンピューターを積めば、いっぺんに部品数も配線も減少し、大きな部品数の減少効果が得られます。

　さらに、ビジネス的にみると、これを一体で受注できるようになれば、高付加価値のユニットモジュールメーカーになれます。ここが、ユニットモジュール化の大きな利点の1つです。

⑤ 部品メーカーの大会社化

自動車メーカーの生い立ちは、第2章2.6.1の歴史にみる種類数増加のパターンの中で述べた通り、海外の技術を学びつつ工夫を重ねたことから始まりました。戦後の復興に乗り、後にティア1、ティア2（2次部品メーカー）と呼ばれる部品メーカーも、プレス機械1台、旋盤1台から自動車メーカーと共に歩き出し、日本の自動車産業の成長と同期して設備や人材を補強しながら成長・拡大を続けてきました。

自動車メーカー各社は当初、城下町的に部品メーカーを傘下に抱えました。しかしその後、部品メーカーは特定自動車メーカーの傘下から離れるべく、専門的設備を導入し、技術や品質を売りにして他の城下町へと乗り込み、国内全ての自動車メーカーとパートナーを組むようになっていきました。さらに、日本の自動車メーカーの海外進出に伴い、部品メーカーも帯同して海外拠点を持つようになると、海外の自動車メーカーの重要なパートナーにもなっていったのです。

実際、自動車メーカーからすると、内製化よりも外製化した方が、効率がよかったり、機能が優れていたり、さらにはコストが低かったりと、多くのメリットがありました。そして、外注先である部品メーカーは自動車メーカーのパートナーとして重要な役割を果たすようになってきました。

こうして部品メーカーは専門性を技術の柱として、単なる部品にとどまらずユニットの大型部品を手掛ける力を付けてきたことが、ユニットモジュール化が進んだ大きな要因の1つと考えられます。そして今や、ティア1は世界の自動車メーカーを支える大メーカーに成長しました。

　ティア1クラスの部品メーカーでは、ユニット規模が大きくなればなるほど役割も売り上げも増す中で、自動車メーカーとは相互に支え合う関係が出来上がり、ユニットもますます大型化しています。自動車メーカーにとって、もはや部品メーカーはなくてはならない重要な存在といえます。

　ただ、その一方で、弊害も多く生まれ始めていることを指摘しておきます。外部に委託することにより、製造だけではなく設計まで含めて内製ができなくなっています。加えて、設計から製造まで海外拠点に移りつつある現状を踏まえると、昨今の大雨、台風、地震といった天候不順や政変でサプライチェーンが断たれる危険性をどう乗り切るかは、とても重要な課題といえます。

3.8.3　最適なユニットモジュール

　話をモジュール化に戻します。歴史に見る通り、ユニットモジュール化は、今後ますます進んでいくことは間違いありません。そこで最後に、最適なユニットモジュールとはどのようなものかをまとめておきます。

①　自社ブランドのユニットモジュール

　このインパネモジュールは「○○社の△△車用」、あのインパネモジュールは「◇◇社の▽▽車用」――。当然、両インパネモジュールで外観デザインや構成部品の呼称などは全く異なります。しかし、機能が共通であることは十分に想定できます。

　ここで、第2章2.7.2で解説した、「ベース＋オプション」戦略を思い出してください。この考え方を徹底し、ベースとなる共通部分を増やすことが、部品数マネジメントのコツになります。オプション部分については、お客様の要望を聞き入れて後付けする構造にしておきます。

　「そんなことは、どこでもやっている」といった声が聞こえてきそうですが、筆者がコンサルタントとして多くの会社を見てきた中で、これが意外にできていないのです。いろいろな理由から、お客様の主張に負けてオプション部分がどんどんと増えていくことが多いように感じています。

　例えば、スピードメーターの場合、速度を検知し、その信号を処理する回路は共通とします。そして、アナログ表示にするか、あるいはデジタル表示にするかに関してだけ、お客様の要望を受け入れる、つまり非共通のオプションにすればよいのです。ただし、デジタル変換システムやアナログ変換システムは、車種間で流用できるようにしておきます。

　要は、どこを共通にするか、どこから非共通にするかを明確にしておくことが、言いなりを減らしてお勧めを増やすポイントになります。お勧め部分が多くなれば、ロットが増えて生産性が高まります。量がまとまれば、加工や組み立てまで自働化の対象になります。外観はお客様の要望に応えるも、中身は全て自慢の自社ブランドで構成する――。これが、最適なユニットモジュールの考え方です。

②　ユニットモジュールの最適サイズ

　ティア1やティア2といった部品メーカーにとっては、売り上げに直

結するユニットモジュールのサイズは重要な問題です。それは、基本的に受注範囲から決まりますが、他にも大事な要素があります。

　ユニットモジュールのサイズが決まる条件は、受注するメーカーが製造もしくは調達可能な部品の集合体であり、機能や耐久性を含めた品質を保証できる範囲に限られます。それ故、この能力が高いほど、受注範囲は大きくなります。この条件の範疇であれば、自動車メーカーや家電メーカーといった客先との間で、受注範囲は効率的にまとまります。

　一方、受注に当たっては、ハンドリングも考慮しなければならないことがあります。例えば、マレリの場合、日産自動車の工場内のサブラインもしくは隣接工場から、オーバーヘッドコンベアを用いてインパネモジュールを搬送、供給しています。当然、メインラインと同期した搬送体制がとられています。こうなると、日産自動車とマレリの双方にとって、安易に取引関係を変更するわけにはいきません。ある意味では安定供給体制といえますが、強力なライバルが登場すれば、話は別。継続の保証はありません。無論、強力なライバルの方は、インパネモジュールの機能や品質だけではなく、どのような搬送形態で総組み立てラインへ供給できるか、荷姿や搬送用具はどのようにするのかまでをきっちりと検討・提案しなければなりません。

　加えて、納入タイミングの問題もあります。基本は、ジャスト・イン・タイム（Just In Time、JIT）。総組み立てラインの組み立て順に同期できなければ、パートナーにはなり得ません。自動車メーカー内では、一時たりとも在庫は考えられないからです。インパネモジュールのようなユニットモジュールは大容積のため、在庫が発生すると、保管スペース

が広大になる上、構内搬送が発生します。自動車メーカーはとにかくこ
れを嫌います。

この他、特に大きな自動車用部品では、その寸法や質量が組み付けラ
インでのハンドリング性や総組み立てライン側の設備に影響を及ぼした
りします。以上のようなさまざまな条件から、ユニットモジュールのサ
イズは決まっていくのです。

③ 構成部品モジュールへの細心の配慮

ユニットモジュールを構成するのは、あくまでも部品モジュールであ
り、それは最適設計を施したベースモジュールを基本とします。

機能はもちろん、品質もコストも最高だったら、お客様は満足して選
択できます。加えて、造りやすさや組み付けやすさ、組み付け品質など
も重要なチェック項目。組み立てやすければ、生産部門が味方に付いて
くれます。無論、設備や金型は、他の機種と共通・共用可能とします。

他機能との接続部分をしっかりとモジュール化しておくこともポイン
トです。そうすれば、○○社の各車種用に最低限統一したモジュール
を、◇◇社用の車種にも流用できる可能性があります。これが、お勧め
仕様による成果といえます。さらに重要なのは、そのモジュールに最大
公約数的な考え方を入れておくことです。

例えば、ワイヤーハーネスコネクターの端子の数が、△車用は6極、
▲車用は8極だったとします。すると、△車用の端子（6極）は▲車用
（8極）には使用できませんが、逆に▲車用は△車用に使えます。つま
り、後者の場合には大は小を兼ねる戦略で、2つのポート（端子の差し

込み口）を使用しないことにより、互換性を発揮します。

　図表3-19は、実際にそうした使い方をしたコネクターの例です。矢印の先にあるポートが空いていることが分かります。無論、大は小を兼ねる分、コストは微妙にかかりますが、第2章で学んだように、部品数が増える方がずっと固定費がかかることを思い出してください。

図表3-19●ワイヤーハーネスコネクター
の例
空いているポートがありますが、あえてこ
うした使い方をして互換性を高めます。
（出所：筆者）

　さらに、端子自体は、最も汎用性の高い順にポートの用途を決めパターンの標準化を図りつつ、後のドライブレコーダーやサイドマーカーランプといった追加の配線ニーズに対応できるようにしておきます。そのポートは当然、追加される前のモデルでは死んでいることになりますが、追加モデルでは互換性を発揮します。そして、補修用部品も、多極モデルを残し、旧モデルは廃棄します。

　図表3-20のコネクターは、図表3-19のコネクターと異なり防水仕様です。その分、コストは少々高くなりますが、接続部の腐食率は低

い、品質は安定する、汎用性は高いといった特徴を持っています。しからば、筆者の主張は、全てのコネクターを防水仕様で統一し、コネクターの種類を減らす——。防水仕様に伴うコストアップ分（変動費分）については、部品数削減による固定費削減で十分カバーできるからです。

図表 3-20 ● 防水仕様のコネクター
全てを防水仕様に統一し、コストアップ分は固定費削減でカバーします。
（出所：筆者）

　もし、コネクターの端子の数がもっとたくさんある場合には、例えば、「8 極以下のグループ」「9〜12 極のグループ」「13〜16 極のグループ」といった具合に 3 レンジ設けるとよいでしょう。ただし、全グループにおいて、初めからいくつかの極の用途は共通として標準化します。ここは、最小公倍数的な考え方になります。要は、最小公倍数と最大公約数の両戦略をとれば、最適な互換性をもたらすことができるようになるのです。

　場合によっては、互換性用のコネクターを造る方法もあります。いわゆる、組互換です。こうすれば、補修用部品や新たな機種が発生したときに、コネクターとセットで互換性を持たせることにより、新しい部品の増加を防げます。

　こうして出来たベースモジュールに、レンジをかけて部品バリエー

ションを造り込んでいきます。インパネモジュールに取り付ける各種機能部品をこのような考え方で部品群として整備しておけば、後はオプションに相当する外観部分との組み合わせ設計となります。設計機会ごとに部品モジュールを見直しているようでは、部品モジュールの最適化が果たせていない証しといえます。

第 4 章

部品数マネジメントを成功させるために

第1章

第2章

第3章

第4章

部品数マネジメントを成功させるために

第3章では、部品数マネジメントに貢献するモジュラーデザインなどについて紹介しました。しかし、それだけでは部品数マネジメントを真の成功に導くことはできません。まずは、組織を変えなくてはなりません。従来の組織のままでは、継続性を発揮しないからです。さらには、管理会計や目標管理の仕方についても見直していく必要があります。そして、これからのDX時代をにらみ、情報の活用の仕方、共有の仕方はとても重要になります。本章では、こうした部品数マネジメントを成功に導くための手立てをまとめます。

4.1 組織と管理を見直す

4.1.1 組織のあるべき姿

筆者が、勤務していた会社で推進した部品数激減活動の究極の目的は「会社再建」で、その大目標は達成できました。部品数も目標に到達し、任務は果たしました。その後、部品数は10年以上にわたって下がり続けたことを鑑みると、これも成功したといっていいと思います。しかし、甘かった——。

どういうことかというと、25年後の状況を見たときに、必ずしも体質改善にまでは至っていなかったのです。第2章のコラム「現場の裏話（11）副社長たるTさんがしっかりと旗を振れ」で触れたように、部品数はまた増え始めたとのこと。本来ならば、決して元に戻らない、徹底

的に継続できる組織をつくり、これが企業文化だといえるくらいまでに定着させなければいけなかったのです。

　結局、一時的な組織では、解散した直後から緩やかに元に戻り始めてしまいます。このことは、多くの会社の改革の姿を見れば、容易に理解できます。筆者の部品数激減活動も、10 年以上は惰性でどうにか持ちましたが、現場の裏話（11）の通り、やはり徐々に戻ってしまったのです。

　テンポラリーな組織が成功を収めたら、その組織が残っているうちに恒久的な組織を設置する、効果を継続するための専門職制といった仕組みを構築する——。そうすれば、その活動はいつの間にか当たり前となり、習慣となり、そして企業文化となるのです。加えて DX（デジタルトランスフォーメーション）時代の今なら、情報通信技術（ICT）や人工知能（AI）などを駆使して部品数を管理していく仕掛けがつくれます。

　かつて、経理部の中に、原価計算係とか原価計算課とかいった呼称で、原価管理の担当を置く会社は多くありました。その重要性が徐々に認識されていくと、原価管理部に昇格させたり、さらに深化させるために原価企画と原価管理をそれぞれ独立した部門にしたり、原価企画本部として経営の中枢に位置付けたりする会社が現れました。こうして原価への関心が高まり、管理と責任が明確になっていきました。翻って、部品数マネジメントは、「見えない原価」に対峙する大きな経営要素です。恒久的な組織を設けて深化させていかなければならない重要なテーマにほかなりません。

　では、具体的にどうすればよいのか——。専門部署、それが難しければ兼務でいいので、部品数の目標を管理する恒久的な組織を事業とセッ

トで設置します。すると、自動的に元へは戻らなくなります。プロジェクトチームでは絶対ダメ。目的を達成した時点でチームは解散となり、継続性が絶たれるからです。経営に直轄し、恒久的に存在する組織を設けるようにしてください。

　これに関し、筆者は、企画部門か開発部門の中に「センター」を置くべきと考えています。ものづくりの会社では、部品に関連する業務はほぼ全ての部門・部署に及びます。各部門・部署の固定費に関与しているため、改善が進めば、それだけ人員の有効活用にもつながります。従って、呼称は別にして、各部門にも部品数を管理する機能を持った部署を設置することが望まれます（図表4-1）。

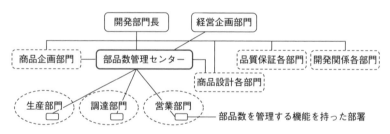

図表4-1 ● 部品数マネジメントの推進組織
各部門に対して牽制が効く位置付けとします。
（出所：筆者）

　こうした過程で、部品の総数管理の中心的機能を企画部門に置く理由は、部品数に関与する業務は全社の各部門と連携するため、その総額は極めて大きな数字となって経営そのものとなるからです。部品の発生に関わるコストは、開発部門で図面化されるところからスタートします。一般の製造業では、研究開発費は総予算の3〜7％。この数字自体は小さく見えるかもしれませんが、本来の外しようのない固定費（人件費、

設備類の償却費、固定資産費など）を除いたら、実はとても大きな数字になります。そして、その出力こそが部品であり、関連する業務、言い換えればさまざまな費用が全社内で発生するのです。筆者の部品数激減活動の経験では、それまでの半分の部品数で新車開発が十分可能であること、全社の固定費を左右する部品の総数管理は経営の一端であることなどに気づきました。こうしたことから明らかなように、部品数のテーマは、経営トップの直轄組織で推進すべきと認識してください。

　一方、部品の総数管理の機能を開発部門に設置する理由は、部品を生んでいる部門故、生みっぱなしではなく、最後まで面倒をみる責任があるからです。実際にそうすると、開発部門は「部品はどうあるべきか」を考えるようになります。特に、部品ライフサイクルの最終章である補修用部品にいかにうまくつなげていくかを考えるのは、開発部門の責務です。投下資金の回転率の低い補修用部品まで総数に入れておくと、いずれ補修用部品数を絞り込まないといけなくなります。なぜなら、新製品における部品数の割り付けが回らなくなるからです。ここまで視野に入れるようになると、新規設計の段階でモデルチェンジやマイナーチェンジはもちろん、補修用部品としての最後までを考慮した設計が始まるようになるのです。

　このようにして、組織が全社内で定めた目標を全うすれば、いつしかこれが当たり前になります。特別であるからいけない。当たり前にすることが肝要です。なお、部品の総数管理の中心的機能を企画部門に置くか開発部門に置くかの判断は、会社の性格によるところが大きいと思います。重要なのは、その部門が三権分立のように、各部門に対して牽制（けんせい）

が効く位置付けとすることです。ポイントをまとめましょう。

- ▶ 古い文化を断ち切り、戻れなくする
- ▶ 年間発生部品数やプロジェクト別目標部品数などの目標管理は経営と直結
- ▶ これくらいはいいだろう、を断つ
- ▶ 例外をつくらない

　目標を達成するためには、甘さや例外は許されません。各部門に与えられた目標を期中や期末にレビューし、真剣に取り組めばいずれ企業文化になります。甘くしたら終わりです。組織がしっかりと回る企業文化をつくるよう心掛けてください。

4.1.2　目標管理がルーチンになる仕組みの導入

　何事も、目標があると、それを達成するために創造や工夫の努力を重ねます。部品数も同様。目標管理の対象にすることで、少ない部品数でよいものを創ろうとする体質が芽生えます。すると、設計品質が上がり、巧みなものづくりができるようになります（第2章コラム「現場の裏話（10）部品数の制限がないから、考えなくとも設計ができる」参照）。

　筆者は、部品数激減活動を推進する際、原価企画の管理項目に部品数を入れたり、年間新規目標部品数を設定したり、さらには各部品群のモジュラーデザイン（Modular Design、MD）化を進めたりと、部品数マネジメントを会社再建の主たる手段として実行しました。そしていずれも、目標を持って臨んだことにより成果につなげました。部品数マネジ

メントが会社再建に貢献できたということは、効果があった証し。しからば、継続的に実行すればよいのです。

　例えば、**図表4-1**の「部品数管理センター」（仮称）の管理者（部長級）には、「総部品点数」「新規部品点数」「開発機種別目標数」「モジュラーデザイン化部品群のテーマ数」「補修用部品の効率的提供」といった業務目標を課し、開発設計部門が実施すべき部品数マネジメントの総元締めとして活躍してもらいます。併せて、プロジェクト別原価企画の管理項目にも部品数を加え、フェーズごとに目標と実績を対比しながら目標を達成すべく適切に管理していきます（第2章2.3.1参照）。特に部品数は、フェーズが進んでしまってからでは後戻りできません。設計のやり直しまですれば話は別ですが、後のフェーズにおいては削減できないからです。この点、肝に銘じておいてください。

　こうした目標管理は勝手に偽装できないよう、ICTなどを利用した管理にしましょう。人間が管理すれば、どうしても人情が絡みますから。その上で、定期的に問題の見える化を図り、「正常」「異常」の管理を共有する。こうすることで、部品数マネジメントは必ず定着していきます。大事なのは、データの入力先をブラックボックス化しないこと。どのような趣旨で、どのような計算をしているのかを共有します。それを各種システムに乗せ、ルーチン化することができれば、まさにDX時代ならではの部品数マネジメントを構築できます。

　部品数激減活動時、筆者らは、全社で不要になった部品を廃番にするルールを決め、四半期に1度、部品の棚卸しを実施しました。このような作業は、コンピューターが得意。廃番リストを出力し、社内はもとよ

り取引先とも共有し、廃棄指示を出しました。この活動は第1章でも紹介した通り、10年経過後も続き、総部品数は会社再建当時よりもさらに減少していました。

　ただし、この他の部品数マネジメントについては、継続あるいは定着したかどうかは定かではありません。企業文化というものは少しずつ緩み、「これくらいはいいだろう」と、つい甘い方へ、甘い方へといく傾向にあります。そこをどうやって甘くさせないかが重要になります。上述の廃番の部品数マネジメントは、ルーチン化したこと、管理する組織と抱き合わせで実行したことが奏功しました。こうなると、企業文化にその考え方が入り込み、当たり前になっていくのです。

　見えない固定費をはじめ、開発要員や生産管理要員なども、部品数に比例して膨らむことは明らかです。部品数マネジメントをしっかりと実施していれば、仮に大型プロジェクトが立ち上がったときには人員を補強し、ないときには基礎業務に配分するなど、流動的かつ効率的な運用を可能にすると共に、働き方改革にもつなげられます。

　筆者の反省は、部品数マネジメントを実施しながら、その文化を残しておかなかったことです。再建で一息ついたことで終わってしまいました。猛省です。

4.2　管理会計を見直す

4.2.1　原価管理の目的

　なぜ、原価管理が必要なのか——。改めて、原点に戻って考えてみた

いと思います。

　工場において、あるものを予定原価（標準原価、目標原価ともいいます）で造ることができれば、正常な経営が可能になります。従って、今日造ったものがいくらなのか、今週造ったものがいくらなのか、すなわち実際原価を確認することは極めて重要で、原価計算はそのためにあります。表現を変えれば、原価計算は「正常」「異常」、あるいは問題の「ある」「なし」を管理するためのもの、問題がある場合にはその大きさを知るためのものということができます。

　お客様に、ある品物を納入する際には価格交渉をしなければなりません。ただ、お客様が求める価格で売ったら、損を出す恐れがあります。一体、いくらで売れば会社の経営は成り立つのか（利益が出るのか）、それにはいくらで造らなければいけないのか――。いわゆる、予定原価です。そのために、原価計算によって原価（実際原価）を算出します。

　製品は部品の積み上げになります。従って、製品の原価を把握するには、各部品の原価と組み立て費が必要です。実は、この場面にも「正常」「異常」管理のニーズがあります。異常がある場合には、どこにあるのか、どれくらいあるのか、ここにも原価計算が登場します。

　もう少し原価を下げて利益率を高めないと、経営が成り立たない。ならば、原価を下げよう。どの部分が高いのか、問題はどこにあるのか。実際原価を知って、原価低減に取り組む――。要は、こうした作業の全体が原価管理にほかなりません。

4.2.2　原価管理の問題点

　筆者は、原価というと、「材料費＋加工費＝原価」という方程式が浮かんできます（第1章1.2.1参照）。これをもう少し細かくみると、「材料費＝①投入材料質量×②材料単価」、「加工費＝③加工時間×④加工賃率」となります。

　ここで、①～③は比較的簡単に算出できますが、第1章でも述べた通り、④がなかなか分かりません。実際に加工を担当する人の給与総額を年間の総作業時間で割れば、その人の時間当たりの賃金を計算することはできます。しかし、部品を検査する人や運ぶ人の費用、倉庫に山ほど眠っている支払い済みの部品代、さらには社長の給料などはどこに入るのでしょうか。

　実は、多くの部品メーカーの場合、会社は部品の売り上げによって運営されることから、加工賃率は、社内で発生する総費用を総労働時間で直接割って算出したりします。従って、「加工賃率○○円／時間に対し、年間の総作業時間△△時間をかけてみたけれど、俺、そんなに給料もらっていないよ」となる始末。加工賃率は、実に大どんぶりなのです（図表4-2）。

まず蓋を開け中身を見る　➡　小鉢に分けると中身が分かる

図表4-2 ●脱どんぶりの勧め
どんぶりから小鉢に取り分けると、中身がしっかりと把握できます。
（出所：筆者）

　管理会計の始まりは、家内制手工業にあります。製品作りにかかった費用、すなわち原価は〇〇円。△△円の利益を得たいから、売価は□□円。しかし、これだと高くて売れないから、もう少し利益を削って売価を下げよう。利益を出すためには、もう少し安く作らないと…。かつての多くのビジネスは、こうした計算をした時点から製品の数量が増えることにより利益創出効率が向上し、経営を継続させることができました。ところが今日は、製品の種類が増えたために1つの製品の数量はますます少なくなってしまい、昔とは逆の現象が起きていることを念頭に置かねばなりません。

　さて、この管理システムは、実は、海外から日本に入ってきました。ちょうど、戦後のものづくりが活況を呈し始めたころです。日本生産性本部は管理会計を学ぶため、1960年に米国からハインリッツという学者を招きました。当時、技術部門は強度計算などに機械式計算機「タイガー計算機」を回し、経理部門は経費などをそろばんで計算していました。ちなみに、「原価をはじく」とは、「そろばんの玉をはじく」ことに由来しており、当時の経理部門に就職するのには「そろばん〇級」が必須条件でした。

　一方、会計学者は、いろいろな理論をかざして学会をにぎやかしてきました。そして、現在の企業会計は大きく、「財務会計」と「管理会計」に分かれて管理されています。前者は、企業の年間の業績を提示する会計制度。法律で計算方法や計算式がある程度規定されており、株主総会で報告します。一方、後者には、さまざまな理論があります。例えば、製造原価については正確に算出する方法は示されていますが、計算があ

まりに複雑すぎてそろばんでは限界がありました。要は、理論は立派なのですが、肝心なところが大雑把、実務がずさん。実は、その延長に今の原価管理があるのです。

　現在の原価計算の大きな問題は、固定費を含めた間接費の比率が大きく増えてきているにもかかわらず、直接費などと連動させて間接費を配賦している点にあります。管理会計の重要なところは、製造原価から問題点や改善目標が読めることにありますが、いまだに精度が悪く、どんな数字を出しても、本気で問題を明らかにして改善しようとはしていません。

　本書の部品に関する一例で説明しましょう。見るからに重そうな部品に改善の手が差し伸べられ、次期モデルでは板厚を下げたり形状を変えたりして歩留まりをよくしました。結果、材料費は確かに下がります。しかし、新たに作る金型はいくらかかるのでしょうか。改善前の旧部品の場合、金型の償却は既に済んでいるため負担額はゼロ円。これに対し新部品の場合には、原価低減したつもりが、新たに部品1個当たり○○円という金型償却費が発生。しかも、生産数量自体がじりじりと減少しているため、部品1個当たりの負担額は大きくなる傾向にあるのです。

　上述の精度の悪い計算式では、金型償却費は含まれないため、材料費の削減分だけが原価低減額として提示されます。これで「やった！」と喜ぶのは、軽率すぎます。実際には、治工具や金型の償却費が増加して実質コストアップになっているからです。本書に何度も登場している「誤った最適設計」の典型例といえます。筆者は、ここが正確に顕在化できる原価管理（計算）方式を提唱していきたいと考えています。

4.2.3　原価管理の方針転換

　経営実態に照らした原価管理を実施するために、改めて、原価と変動費、固定費の問題について見ていきましょう。

①　原価の問題

　原価の概念式は、何度も登場している「材料費＋加工費＝原価」で、これは直接費（変動費）になります。この式の中で比較的精度の高い原価は、材料費と、加工費のうちの加工時間。材料費は投入量が分れば、精度はほぼ高いといえます。ただ、「ほぼ」はあくまで「ほぼ」であって、精度をさらに上げる要素は残っていますし、加工時間の中にも細かな課題は潜んでいます。要は、材料費と加工費は一見精度が高いものの、改善の余地がないというわけではありません。

　繰り返しますが、大きな問題は間接費（固定費）が抜けている点です。例えば近年は、コンピューターを駆使した素晴らしい高価な機械が工場にたくさん並んでいます。これらの購入費については、原価の中に算入しないといけません。つまり、固定費に属する費用が発生し、どんぶりはさらに大盛りになっていきます。これを誰が負担するのか――。筆者は、こうしたことが容易に分かる原価計算方式に変革したいと考えています。

②　変動費の問題

　材料費は今や、簡単に世間相場を把握できます。ただ、世間相場では

量的ファクターまではつかめません。共通化・共用化で使用ロットが大きくなれば、当然安くなります。こうしたことが少しでも明確になれば、本書の「少ない部品種類数で経営効果を引き出す」というテーマにインパクトを与えられるのですが…。何も ICT や DX などと難しいことをいわずとも、正しい数字はすぐに算出できるはず。できないというのは、実行しないからではないでしょうか。

こうした材料費よりも問題なのは加工費です。原価見積もりを見ると、「総額で○○円」としか言ってこない取引先が多いのです。加工費の内の加工時間はある程度見積もることができます。しかし上述した通り、加工賃率がどんぶり、すなわちブラックボックスなのです。ここには会社の間接費、具体的には人件費や福利厚生費にはじまり、交際費、販売管理費など全てが含まれています。仮に、福利厚生費を膨れ上がらせていたとしても、どんぶりの中では分かりません。しかし、その膨れ上がった分は加工賃率に影響しているのです。

こうした加工費が高いか安いかを評価するのは、買う側。従って、買う側がきちんと理論武装をしなければなりません。具体的には、原価に関わるいろいろな項目を計算式に入れていけばよいのです。今は、そろばんではできなかったことが容易にできます。何せ、性能のいいコンピューターが身近にありますから。

ただし、そのコンピューターを使った結果は、買う側にどれだけの原価情報（コストテーブル）が準備されているか、「活動基準原価計算（Activity-Based Costing、ABC)」をはじめどれだけの原価理論に精通しているかによって左右されます。どこの取引先でも、営業担当は各

社の超エリートと心得、買う側は彼らに「負けないバイヤー」になるよう努めてください。

　さらに、コンピューターには正確な数字（コストテーブル）が入っていなければ、正しい結果はアウトプットできません。正しい最新情報をいかにアップデートしていくか、日常のメンテナンスが重要になります。コンピューターを使うことが目的ではなく、生かすことが目的と肝に銘じ、正しい計算をするようにしましょう。

　本章4.2.2で説明した、「材料費（投入材料質量×材料単価）＋加工費（加工時間×加工賃率）＝原価」の方程式は変動費と呼ばれていますが、その実、加工賃率には間接費（固定費）が山ほど含まれていることを頭に入れておくと同時に、各費目の常識的数値（コストテーブル）を把握しておくように心掛けてください。

③　固定費の問題

　日本会計研究学会では、固定費を一括して間接費としていますが、読者の皆さんの中には「固定費」でイメージする方と「間接費」でイメージする方の両方がいると思います。そこで本書では、固定費と間接費をたびたび併記していますが、その固定費が、上述のように加工賃率に大きな影響を与えているのです。

　第1章1.2で部品が発生するときの固定費にかかわるリスクについて説明しましたが、これらがどんぶりから小鉢に盛り変えられる、すなわち個々の製品に配賦されるようになると問題が顕在化してきます。原価計算が現在のようにどんぶりになったのは、そろばんでは複雑故に計算

　できなかったことに一因がありますが、このままでいいわけはありません。原価計算の変革をなすときがきています。

　そこでまず、各費目の一律配賦をやめます。例えば、ゼロから設計された部品と、法則を持った最適設計から選択設計された部品では当然、コストが異なります。こうした部品の性格の違いが都度顕在化するようになれば、「選択設計は安くて速い」が浸透します。よい例が、第3章のモジュラーデザインで紹介したオイルレベルゲージです。同章図表3-15に従って部品を選択すれば、もはや設計費は必要ありません。時間も要りません。なぜなら、選ぶだけですから。こうして部品数マネジメントが加速し、会社に利益をもたらしていくようになるのです。

　現在、固定費（間接費）は、総労働時間で除した時間当たりの金額に、部品ごとの労働時間をかけた金額が割り振られています（配賦されています）。つまり、時間当たりの固定費（間接費）は、新たに償却が始まる部品も、とっくの昔に償却が終えている部品も、同じになります。これは、いかにもおかしい。高額の広告宣伝費は2トン車にしか使われないのに、10トン車にも割り振りがくる。これもまたおかしいと思いませんか。

　こうしたおかしな原価計算は、できるだけ早くやめた方がいい。それには、間接費（固定費）がどの部品にどれくらいかかっているのかを正確に把握するための管理会計手法であるABCを部品別に実施することが必要です。もちろん、米ハーバード大学のロバート・キャプラン教授とロビン・クーパー教授が唱えた完璧なABCでなくとも結構。ABCまがいでもいい。自社の固定費（間接費）を製品別に負担し合うと、共通

化や共用化で数量効果が現れる製品のコストや償却済みといったことが明確になる上、取引先との価格交渉にも使えるのです。

　とにかく、ABC を実践することが正しい原価計算への近道といえます。今の世の中には強い味方、コンピューターがあります。1度、配分方程式をつくれば、あとは数字を当てはめるだけ。1度にやろうとするからゴチャゴチャになり、揚げ句の果てに、「優先順位は、他の案件の方が高い」などと中途半端になってしまいます。クーパー教授は、今日のようにコンピューターが発達していない時代から、「何も難しくはない。実行しないだけだ」と繰り返し述べていました。これだけコンピューターやら IT やらが進歩した時代で、実行しないのは摩訶不思議。古い原価計算とはきっぱりと決別し、新しい原価計算へと大きく踏み出してください。その際には、計算式をブラックボックス化しない。そうすれば必ず、従来の活動の問題点が共有でき、原価改善の糸口が見えてくるようになります。

　最後に、図表 4-3 を見てください。見覚えはありませんか。そう、これは第1章の図表 1-3 と同じです。部品が生まれてから廃番になるまでに生じた作業を示しており、これらの作業中には固定費（間接費）が次々と発生していることを再確認してください。これら以外にも、先ほど登場した、広告宣伝費や営業活動費などは販売管理費に属し、大きな固定費の1つに数えられます。社内のいろいろな部門が商品（部品）を商いの材料としていくために発生する費用の多くは固定費（間接費）であり、厳密に掘り下げていくと、費目は図表 4-3 のような表が数ページに及ぶほど多岐にわたります。

費用発生部門	主な作業内容
商品企画部門	どんな機能をどんな部品で創るかを計画
設計部門	レイアウト設計、寸法のアウトライン 部品構想 類似部品検索 試作用新部品設計・出図
試作部門または 外注先	試作品手配 試作・部品製作・完成 品質保証確率（試験）
設計部門	量産図面設計・出図
調達部門	発注先選択
社内または調達部門	治工具・金型設計・製作 量産試作、強度・耐久試験、品証体制整備
社内または外注先	治工具・金型設計・製作 量産準備、納入ロット、荷姿決定
生産管理部門	生産指示または発注
部品受け入れ部門	取り入れ、品証、在庫・出庫
組み立て部門	組み付け
部品部門	補修用部品取り入れ 補修用部品在庫 補修用部品出庫 補修用部品在庫管理

これらにいくら
の時間（コスト）
を費やしたか？

社内だけではな
く外注先の分
は？

投資分の金利も
計算！

図表 4-3 ●部品が生まれる主なステップと固定費の関係
図表 1-3 と同じものですが、部品が生まれると、ここに挙げた作業に関連し固定費が発生します。
（出所：筆者）

◀ **コラム 現場の裏話 [24]** ▶

『Hotel SATO』の宿泊客は世界に名だたる大先生

一息入れましょう。

筆者は 40 歳代後半のころ、米国のビジネス誌『Fortune』のアジア
版の表紙に載りました。残念ながら、筆者 1 人ではなく、もう 1 人外国

人がいたのです。調べてみたら、米ハーバード大学教授のロビン・クーパーさんという英国人。これも何かのご縁と、連絡を取ってみると、Faxによる交信が始まりました。

その後何年かして、クーパーさんから、「近く日本に取材旅行に行くことになったのだが、いいホテルを紹介してくれないか」という連絡が入り、筆者は、「『Hotel SATO』はどうか」と返しました。SATOは筆者の名前、つまり拙宅に招待したのです（**図表4-a**）。

図表4-a ●クーパーさん（左上）と筆者（右上）と、筆者の家族（下）
『Hotel SATO』のある神奈川県相模原市にて。
（出所：筆者）

クーパーさんは、筆者の提案を快諾し、1996年7月に来日しました。拙宅から取材先に出かけ、帰宅してはレポートを書きました。筆者が勤務していた自動車メーカーにも来てもらいました。拙宅では夜がふけるのも忘れ、原価企画やバリューエンジニアリング（Value Engineering、VE）について議論しました。何と、クーパーさんは約10日間近く拙宅に滞在し、帰国の途に就きました。

こんな話を、日本原価計算研究学会でしたところ、同学会の大先生たちがあまりにびっくりされたのです。「クーパー教授といえば、世界でも名だたる会計学者だ」と。もちろん、筆者は、クーパーさんが大学の

先生であることは認識していましたが、そこまですごい人だったとは…。

それから4年後の2000年、筆者は日本バリュー・エンジニアリング協会の訪米視察団を連れ、米クレアモント大学院大学にある「ピーター・ドラッカー研究所（Peter Drucker Institute）」を訪問し、クーパーさんと再会を果たしました。「何も難しくはない、実行しないだけだ」——。読者の皆さんも、この言葉をかみしめ、正しい原価計算をコツコツと実現していきましょう。

◀ コラム **現場の裏話 ［25］** ▶

カタログを作っても作らなくても負担は同じの怪

住宅用建材を造る会社のコンサルタントをしていた時の話です。

新築の洋風家屋に最新の建材を使ってもらう場合、設計者は厚さ4.5cmほどの分厚い建材カタログを準備し、施主に選定を依頼します。問題は、このカタログ。洋風建築部隊では、玄関周りのデザインが頻繁に変わることから、毎年作り変えていました。一方、和風建築部隊では、和風家屋用の住宅建材にモデルチェンジがないため、カタログを更新する必要がありませんでした。こうした状況下で、和風建築部隊の建材グループは「採算が悪い」という指摘を受けていたのです。

そこで筆者は、同グループの採算の中身をひもとくことにしました。すると、新たな投資がないのに償却費の配賦がある、テレビに登場したことがないのにコマーシャル代を持たされている、上述のようにカタログを更新していないのにカタログ代を負担させられている、といった実態が明らかになりました。併せて、住宅建材の売価が高い原因の1つに広告宣伝費があることも分かりました。

会社イメージが広告宣伝によって支えられていることは承知していますが、だからといって、洋風建築部隊と和風建築部隊でテレビコマーシャルやカタログなどの販売管理費をはじめ諸々の固定費（間接費）負担が一律というのは、原価計算として間違っています。この会社にはそこを理解してもらい、和風建築部隊の負担を大幅に減額してもらいまし

た。まさに、ABC の一歩といえます。その分、洋風建築部隊では固定費（間接費）の配賦額が上がり、さらなる原価低減や拡販が求められるようになりました。

④ 従来計算の問題

　ABC に基づいて原価計算し精度を上げていけば、売る側も買う側も価格交渉に使えますし、何より数量効果や償却済み費用などが数字として現れます。このように個別原価要素に変動要素を加味して算出すると、どこをどうしたら安くなるのか、すなわち原価低減の切り口まで示してくれるようになりますし、共通化効果の理論的な説明も可能となって効果が享受できるようになります。これに対し従来の原価計算の結果は、「へぇー、そんなにかかるんだ」と、絶対額を知ることに尽きます。

　従来の原価計算から脱却し、ABC に基づいた正しい原価計算に移行すれば、価格交渉もやりやすくなります。売る側が損しないようにと緻密に計算すれば、買う側も全く同様に負けずに計算します。そして、双方で納得する計算式を共有する（プログラムに入れる）ことができれば、後は、各費目の数字をメンテナンスしていくだけで済みます。

　従来と仕組みを変え、コストに反映できる仕掛けを創る——。そうすれば、部品などの購入価格をコントロールすることができるようになります。コストの見える化でコストの発生要因が顕在化し、売る側も買う側も原価低減の工夫がしやすく、安いコストでものづくりができるようにもなります。仮に、コストが目標に達しなければ、どこが高いのか、改善の必要な部分が顕在化されます。

　どんぶりは、ネゴによる価格交渉しかできません。ABC による小鉢

は、コスト把握と同時に、コスト発生の問題を顕在化させるため、売る側も買う側も「低コスト体質」に改善されていきます。これが、部品数マネジメントを成功に導くポイントといえます。

4.3 設計方法の変化と確認

4.3.1 設計企画書と設計構想書に基づく計画的設計

部品数マネジメントを成功させるために何をすべきか——。原価計算に続いて、設計のプロセスを確認しておきましょう。

▶ ビジネスプランに基づき、設計企画書を作成する

▶ 設計企画書をベースにした設計構想書で、どんなニーズをどのように具現化するのか、新規設計の構想をうたう

▶ ビジネスプランや設計企画書に基づき、原価企画活動を展開する

ここに出てくる設計企画書や設計構想書は、会社によって呼び方はさまざまあると思います。それはともかくとして、設計企画書とは、どのような商品を開発するのか、商品の仕様だけではなく、会社収益や販売戦略を含めた5W2H型の企画書になります。一方、設計構想書とは、具体的にどこをどのように設計するのか、商品の目的や機能を明確に指示したものを指しています。

DXの時代には、まず、設計企画書や設計構想書をプロジェクト単位のファイルとして管理します。そして、両書に基づき新規部品数や開発工数、治具・金型費などの予算を登録し、それら計画値を基に実績管理を実行します。これができれば、DX時代の原価企画・原価管理の一歩

目としては及第点といえるでしょう。

　あえて「DX時代の」と言っているのは、部品数マネジメントの管理ツールとしてICTなどを活用することを前提としているからです。目標に対する実績評価を実施し、異常があればアラームが鳴る仕掛けにする——。こうして問題の項目がすぐに顕在化するようにしておけば、理想の部品数マネジメントに近づいたといえます。

　実際には、プロジェクトを統括する主管（Project Manager、PM）や商品開発事業の責任者の下、各機能設計の管理者と実務の設計者が設計企画書や設計構想書を共有しながら設計を進めていきます。在宅勤務やリモートワークの時代にも、重要なマネジメント手法になります。

4.3.2　最適設計とレンジ設計

　モジュラーデザインの中で指摘したように、勝負する部品は一般に、レンジ設計ではなく都度設計となります。設計構想書に基づいて設計しますが、ここがまさに設計者の腕の振るいどころ。設計完了時には、登録予算（コスト）と比較し、予算内に収まったかどうかを確認します。無論、コストだけではなく、新規部品点数や開発工数、治具・金型費など他の予算も同様。予算の枠内といえど、むやみやたらに思い付きで設計しないように心掛けてください。

　在宅勤務やリモートワークが進むと、なおさら独り善がりの設計に陥る恐れが高まります。それだけに、プロジェクト全体で承認された設計企画書や設計構想書の内容をしっかりと確認することが重要になります。リモートシステムを導入する前には、リモートの弊害をどう克服す

るかを社内で十分に話し合い、対策を講じておきましょう。そうしない
と、誤ったリモートワークが定着してしまいます。「善意の工夫はルー
ル違反」と指摘しましたが、設計途上で問題を発見しても勝手に善意を
発揮するのではなく、管理者や主管と設計企画書や設計構想書に遡って
再確認し、実行の可否を確認することが重要になります。

　こうした点に留意しながら最適設計を求めていきます。そうすれば、
部品がむやみに増加することはなくなり、見えない固定費が使われるこ
ともありません。願わくは、管理者と設計者との間でデザインレビュー
（Design Review、DR）を実行してください。設計者は自分の工夫を見
てほしいもの。在宅だと、なおさらだと思います。そこで、管理者は同
じような設計をする仲間もできるだけ入れて、議論する場を設けてあげ
てください。設計者のモチベーションが上がるだけではなく、3人寄れ
ば文殊の知恵でアイデアが豊富に出て、さらによいものが生まれる可能
性が高まりますし、参加したメンバーの生きた教育機会にもなります。
とりわけリモートワークの環境においては、どのタイミングでデザイン
レビューを実施するのかは重要な課題といえます。

　一方、勝負しない部品に関しては、部品モジュールとして部品群を整
備しておき、設計者はそこから部品を選択して設計は終了となります。
いわゆる、選択設計です。ただし、整備した部品群がさすがに時代遅れ
になってきた、競合他社の部品と比較して顕著に劣ってきた、もしくは
さらなる原価低減余地があることに気づいた、といったときには、組織
として部品群のモデルチェンジを実施します。これを怠ると、コスト高
や低機能の部品がずっと登録され続けていくことになってしまいます。

もちろん、「今回だけ」といって別の部品を創るのは、厳禁。その時点で部品数マネジメントは崩壊し、せっかくの部品群が無用の長物と化してしまいますから。

ここで重要なのは、新しい部品群には従来の部品群との互換性を持たせることです。

4.3.3　AI設計

第3章のモジュラーデザインの中でオイルレベルゲージの事例を紹介しました。それを思い出しつつ、以下の話を読み進めてください。

従来の設計では、まず、使用者として身長168cmの人を標準モデルにしました。そして、その人が、ラジエーターやフェンダーなどをまたぐようにして腕を伸ばし、オイルの残量を点検するときのX・Y・Zの位置（3次元のフックの位置）を計算し、そこを起点にオイルレベルゲージを設計しました。

これに対して今後の設計では、使用者モデルを身長160～190cmといった具合に幅を持たせた上で、3D（3次元）設計レイアウト情報に基づき、エンジンルーム内の出っ張っている部品など、操作を妨げる周囲の位置（X・Y・Z）情報を推定し、エンジン内のオイルレベルゲージの取り付け位置を数値化します。そして、オイルの高さ（油位）や3次元のフックの位置、使用者モデルが操作できる範囲などを基に、AIがオイルレベルゲージの近似寸法を計算するというわけです。

以上が、筆者が想像する、これからの選択設計のイメージです。基礎データを入れれば、選択設計は終了。結果、設計コスト低減、開発期間

短縮、品質保証という一挙両得ならぬ、一挙三得になります。

　こうした AI 設計のためには、何をどう準備したらよいのか――。オイルレベルゲージの場合には、機能とレイアウトから必要な寸法を出し、生産性、共通化などの視点から最適設計を施して法則を持ったレンジ設計を整備しました。ただし、従来品との互換性の有無については、必ずしも十分とはいえませんでした。ここまで配慮できれば 100 点を飛び越え、120 点をもらえたかもしれません。

　勝負しない部品については、こうした手順で部品群を順次整備していきましょう。AI はゼロから何でもやってくれるわけではありません。自らの手で部品情報や各種条件などを入力し、データベースを蓄積しておく必要があります。その上で、最後の組み合わせや選択を AI に託すのです。

　これまでに、最適設計や VE を AI が実行したというケースは聞いたことがありません。いずれはできるようになるのかもしれませんが、VE の AI 化についてはハードルが相当高いように思います。従って、ひとまずは最適設計やレンジ設計までを人が実施し（場合によっては、レンジ設計は AI ができるかもしれませんが）、どの部品を選んだらアッセンブリーとして最適になるかを AI に任せるとよいでしょう。アイデア発想や設計までを AI にやらせたら、筆者らバリューエンジニアはみんな失業してしまいますし、夢もなくなってしまいますから（笑）。

4.4 DX 時代の到来

　本書の中ではこれまでに、たびたび DX が登場しています。本節には「DX 時代の到来」などと大げさなタイトルを付けてしまいましたが、少し DX についてまとめておきたいと思います。

　経済産業省の『デジタルトランスフォーメーションを推進するためのガイドライン（DX 推進ガイドライン）』では、DX を、「企業がビジネス環境の激しい変化に対応し、データとデジタル技術を活用して、顧客や社会のニーズを基に、製品やサービス、ビジネスモデルを変革するとともに、業務そのものや、組織、プロセス、企業文化・風土を変革し、競争上の優位性を確立すること」と定義しています。

　筆者がここまでに述べてきたことは、「データとデジタル技術を活用して」という点で DX には及びません。主として筆者のサラリーマン時代の経験やコンサルタントとしての指導体験から得た教訓や失敗を基に、こうあるべきだったと反省を込めつつ現実理想論をつづってきました。もちろん、こうした経験の中では、コンピューターをある程度使用してきましたが、筆記用具がワープロに、データ（書類）保存のキャビネットがコンピューターに変わった程度でした。DX の中核に位置付けられる AI などは、言葉だけが先行する時代だったのです。

　それから歳月が流れ、実際に AI を活用している会社が現れ出しました。成功例もいろいろと紹介されていますが、実のところ、リップサービスも多く、まだまだ入り口段階という印象です。それは、誤ったデー

タと後世に残すべきデータが玉石混交といった具合に、肝心のデータの「選択」と「制御」がうまくできていないことや、従来のデータそのままではAIに必要な情報としては不十分であることなどに原因があります。

　DX は正直なところ、筆者をはじめ、読者の皆さんの多くも未経験と思います。ただ、DX の時代が到来したことには間違いありません。だからといって、何も大上段に構える必要はなく、新時代にふさわしい準備を一歩一歩始めていけばいいのです。ここでは、DX 時代の部品マネジメントについて述べていきますが、ここまでのように経験をベースにした現実論ではなく、少し歯が浮いてしまうような理想論を展開することをあらかじめお断りしておきます。

　さて、DX 時代の部品数マネジメントに関連し、自動車の事例を考えてみます。実は、今なお、市場に残っている古い自動車の生存状況や本当に必要な補修用部品などについては把握し切れていない自動車メーカーがあると思います。車種があまりに膨大な上、フェイスリフトやマイナーチェンジなどが頻繁にあったことから、特に古い自動車については世の中にどのモデルが何台残っているかが分からないのです。補修用部品に関しては、どれがよく出庫されているかは多少分かります。しかし、市場からほとんど要求されない補修用部品や車種間での互換性情報については把握できていません。逆に、こうしたことが分かれば在庫は激減しますが、把握できていないばかりに、たくさんの補修用部品が在庫（死産）されているのが実態です。こうしたデータが蓄積されて初めて、DX は進みます。AI がデータを組み合わせて最適設計に基づく選択設計をしたり、人間では時間のかかる作業や見落としが発生する作業を

瞬時に漏れなく実施したり、と。

　1970 年代に世界一の工業国とうたわれた日本が、その 30 年後には世界で 40 番目、50 番目にまで没落したとされる原因を筆者なりに考えると、古い仕組みから全く脱却できなかったことにあります。典型が、前述の補修用部品。お客様に謝らなくて済むからと、何でもかんでもとにかく残しておいた。一方、別の見方をすれば、新しい時代に見合った仕組みにするための変革を怠ったともいえます。古いデータや仕組みがつい表に出てきても、新しいものが出来たような錯覚に落ち入り、「出来た」と自己陶酔してしまうのです。

　部品マネジメントでいえば、従来のランダム設計の組み合わせの延長で、それも部品自体の最適化を施していなければ、後に優れた最適案が登場（考案）したらすぐ変更となり、従来の多部品群設計時代に戻ってしまいます。そこで、最適部品を基に法則に沿った部品群を整備し、そこから最適部品を組み合わせて製品を造れば、最適な組み合わせに近づきますが、これだけではまだ情報が不足しています。最適といいつつも、組み立て性などの製造プロセスのニーズや補修用部品の分解性などは十分に考慮されていません。加えて、設計が済んだ後に実施する VE「セカンドルック VE（2nd Look VE）」でいう「使用者優先の原則」は満たし、使用機能本位の設計ではあるものの、今日はもはやそうした使用機能だけでは戦えません。例えば、カーボンニュートラルや SDGs（Sustainable Development Goals、持続可能な開発目標）、リサイクルといった社会環境ニーズが設計の必須要件なのです。

　部品数マネジメントは、確かに古い時代に端を発した問題提起にほか

なりません。しかし多くの会社がいまだにこの問題を乗り越えられずにいます。乗り越えられる方策を考え、それによって過去のビジネスをプラスに転じる（変革する）。そして、その方法が継続的に進化・維持されるように会社革新システムとして定着させ、そのためにICTやAIなどを活用していく。加えて、最適化していない部品やその情報、過去の失敗など繰り返してはならない情報、競合他社の情報などを取捨選択しながら、正しく収録しデータベース化していく──。これこそが、DX時代の部品マネジメントといえます。まとめましょう。

- ▶ 必要な情報を確認し、
- ▶ 正しい情報を収録し、
- ▶ 正しい判断を導き出す仕組みを創る

これが、DXの入り口です。

4.5　データの蓄積と管理技術の進化

4.5.1　悪いデータは捨てよ、よいデータは山ほど集めよ

　部品情報をデータ化するときに、最新のデータがないことがよくあります。そこで、「ないよりはまし。ひとまず入れておこう」と、手元のデータを入力して済ます。しかし少し時間が経っても、新しいデータは一向に集まらない（創られない）。たとえ古くても、そこにデータがあることに安心し、あえて新しいデータを収集しようとはしない──。

　材料も工法も構造も昔のまま。しかし「もうデータが入っている」からと、古いデータが新たな商品企画などに使われることがしばしばあり

ますが、これはあってはならないことです。その情報やデータは一体、何年前のものでしょうか。

筆者が推進した部品数激減活動の際、いくつもの部品群がモジュール化されました。ところが、せっかくのモジュール化も切り替え手続きが進まず、現行（旧）部品そのままだったり、一部寸法合わせしたりしてなし崩し的に使用された例をいくつか聞きました。これが、古いデータが生きるという例で、これではものづくり競争には勝てません。

では、古いデータ（古い部品）とは何か――。常に5〜10年先の近未来を見据え、カーボンニュートラルやSDGs、リサイクルなどの社会環境性を踏まえながら、近未来に要求される機能、組み立て性や分解性といった構造、環境や安全に配慮した材料、そしてものづくりがデジタル化されていくことを念頭に置いた工法といった条件を満たしていないものを「古い」と判定します。逆に、設計においては、新しい時代に合った最適ベースモジュールを創り、勝負しない部位はレンジ設計で部品群を整備。勝負する部位は他社との競争を鑑みた工夫を施します。その上で、地球にやさしい材料がコストを優先するなど時代の要請を加味した最新設計により、世界一の負けない部品が誕生するのです。

古いデータ（古い部品）は使ってはなりませんし、そもそも蓄積する必要はありません。古いデータを残してしまうから、使ってしまうのです。古いデータ（古い部品）は、「再使用禁止」区分に早く移し、使えなくしてしまうことが重要です。

4.5.2　変わる管理技術、変わらない管理技術

　本書には、筆者が活用した管理技術が何度も登場しますが、いずれも紙ベースの時代の話。読者の皆さんは、果たして、そうした技術で世界に勝つものづくりはできるのかと、不安になっているのではないでしょうか。

　日本が世界一になったその昔、三大管理技術、すなわち「インダストリアル・エンジニアリング（Industrial Engineering、IE）」、「品質管理（Quality Control、QC）」、そして VE は新人教育の基本、ものづくりの基本として皆学び、日本は世界一のものづくり国になりました。ここでは、こうした管理技術が、これからの DX 時代にはどうあるべきかを考えていきたいと思います。

①　VE はどうだ

　VE は 1947 年に米国で生まれ、日本では 1955 年に日本生産性本部の米国視察団「コストコントロール視察団」（団長 西野嘉一郎氏）が「VE らしきもの（原価管理・分析）」を学んで帰国。1960 年には、資材費の原価低減を教わるため、米国からハインリッツ氏を招きました。

　価値分析という言葉は、翌 1961 年に出版した、産業能率短期大学（現産業能率大学）教授の玉井正寿氏が訳した書籍『バリューエンジニアリング：コスト・ダウンの組織的方法』（ダイヤモンド社）の中に登場。その 3 年後の 1964 年には、現在の日本の VE の原型ができ、玉井氏によるワークショップが始まりました。

　さらに 1965 年、同じく玉井氏の手でテキスト『価値分析教科書：コストダウンのバイブル』（産業能率短期大学出版部）が完成し、現在の日本バリュー・エンジニアリング（VE）協会認定資格試験の推奨テキスト『VE の基本』（産業能率大学出版部）の原型となりました。これはその後一部修正され、1998 年に再度発刊されたものの、大きな技術的変化はなく、セカンドルック VE を中心に原価低減による価値向上を訴求しました。

　一方、筆者は 1996 年に『実践決定版 バリューエンジニアリング』（ユーリーグ）を発刊し、設計段階で実施する「ファーストルック VE（1st Look VE）」をアピールしましたが、十分とはいえませんでした。筆者は、現状の VE ではもう新時代についていけないと考えています。日本が世界で有数の工業国に戻るためには、環境問題、とりわけカーボンニュートラルを意識し、SDGs 社会に見合うものづくりを実施しなければ、世界では勝てません。VE にも、まさにそれと同じ変化が求められています。

　材料の変化、用途の変化、さらにはリサイクルなど要求機能の変化──。これらに対応した設計をしていくためには、もはやセカンドルック VE では戦えません。なぜなら、同 VE は現在あるいは過去の製品の機能分析法である上、解析に時間と困難が伴い、スピード時代にはついていけないからです。だからといって、時間短縮型の VE は人気こそあれ、部分的改良手段にすぎず、全体やシステムを創る手法ではないため、新時代に望まれる新しい VE が必要なのです。

　そうした今後の VE は、企画段階のゼロルック VE（0 Look VE）や

設計段階のファーストルック VE の視点を発展させ、近未来の要求ニーズに応える未来洞察型の機能開発を実施することで力を発揮していくことでしょう。ABC を唱えたクーパー教授も、著書『When Lean Enterprises Collide: Competing Through Confrontation』（Harvard Business School Press）の中でゼロルック VE の有効性を訴えているほどです。

　そして、VE に AI を活用していくためには、過去の多くの VE 事例をデータベースとして蓄積することが先決。どのような機能分析を実施すると近未来に求められるニーズにたどり着けるのか、アイデア発想が過去の事例にどのように展開されてきたのかといったことを AI に学習させる必要があります。もはや、紙上の VE でとどまるわけにはいきません。AI 化にはまだ時間がかかりますが、筆者らが巧妙な手法になるべく情報（真の成功プロセスの事例）を提供していかなければならないと考えています。このように VE は今、大きな変革期を迎えています。

② **テアダウンはどうだ**

　続いて、テアダウン。筆者が日本で初めて試行したのが 1972 年。「比較分析法」でした。これに対しマツダが 1981 年に開始した「テェアダウン」は「分解調査法」。いずれも、他社製品の特徴を把握し、そこに学ぶ手法でした。

　今後も、筆者が始めた比較分析の精神は継続することでしょう。ただし、比較対照物は変わっていきます。従来は、競合他社の製品でした。その製品ができたのは数年前ですから、要は、過去の事例に学んでいた

ことになります。しかし、これからの新しい時代においては、競合他社の製品（過去の事例）だけでは、情報の質と量が十分とはいえず戦えません。

　むしろ求められているのは、機能開発のできる比較分析法。異業種で用いられている新材料や新工法、ゼロルックVEによる未来洞察型の新機能、さらには新たに誕生するインフラなどとの比較が要求されています。本書に出てくるマトリックステアダウン（Matrix Tear Down）やプロセステアダウン（Process Tear Down）も、社内品のみならず、競合他社の製品や異業種の製品との比較にまで拡大していかないと、世界一のものづくり奪還に向けては役に立ちません。

　設計者が求める比較情報、使用者が求める比較情報、そして社会が求める比較情報が、設計構想の段階から、過去のデータや将来を予測するデータと組み合わせられて顕在化する──。これこそが、部品数マネジメントを成功させるためのテアダウンのあるべき姿といえます。

◀ コラム 現場の裏話 ［26］ ▶

広島に行ったり藤沢に来たりのテアダウン黎明期

　日本におけるテアダウンの草分けは、筆者が勤務していたいすゞ自動車とマツダでした。両社のテアダウンの違いを紹介します。

　まず、いすゞ自動車。**図表 4-b** は、トースターのテアダウンです。分解前に、全体のプロポーション、具体的には質量、外寸、焼く部分の面積・容量、能力などの仕様を一通り把握します。続いて、ダイナミックテアダウン（Dynamic Tear Down）として分解と組み立てを試み、組み立て時間を測定するなどの組み立て性や怠りがちのフィクシング（締

結部品）の比較分析を行います。

　それを再度分解し相違点の比較分析を実施、結果を展示して共有する場合には、中央に自社製品を置き、隣り合わせに競合他社製品やトースター以外の発熱体、スイッチ類などを配置します（**図表4-b**）。こう並べることで、自社製品と比較しやすくしているのです。そして、部品ごとに質量や材質などを調べ、特記情報などを記入して展示します。これが、いわゆるスタティックテアダウン（Static Tear Down）になります。

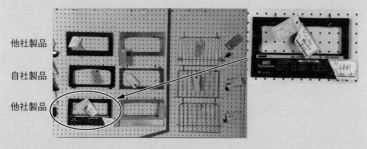

他社製品

自社製品

他社製品

図表4-b ●いすゞ自動車のテアダウンの展示例
写真は、トースターの部品。自社製品を中心に、隣に競合他社の製品などを並べていました。
（出所：筆者）

　筆者がいすゞ自動車時代に学んだ米ゼネラルモーターズ（General Motors、GM）は、他社の製品（自動車）を全て分解し、ボディーからエンジン、足回りまでをテーブル上に1列に並べて展示していました。その全長は、実に20mほど。ただし、分析は一切なく、比較分析については、組織的というよりも、展示を見る人が自主的に行っていました。

　一方、マツダは1979年に米フォード・モーター（Ford Motor）と資本提携した直後からテアダウンを始めました。英語の発音をそのまま日本語にしたことから「テェアダウン」と呼び、さらには「GVE（グループVE）」（「Ganbaru VE」と呼ぶ人もいました）と名付け、グループを挙げて大々的に展開していました。

　マツダでは毎年、十数機種を計画的に分解・分析しました。筆者が、何度目かに訪問したときには、世界の先端を行く名車を年間16台もテ

アダウンしていたところ。その方法は、例えばドアといったユニット単位でパネルや組み付けされている全ての部品の形状や質量、寸法などを詳細に分析後、1枚のボードにくくり付けて掲示するというものでした。ボードを標準化し、ボード単位でまるで標本のように保管していました（**図表4-c**）。

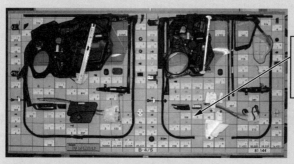

ここに細かな部品の分析情報が記録されている

図表4-c ●マツダのテアダウンの展示例
写真は、ドアの艤装品。標準化されたボードに部品がくくり付けられていました。
（出所：筆者）

いすゞ自動車のテアダウンは筆者が、マツダのテェアダウンは奥川博司氏がそれぞれ中心になって推進しました。筆者と奥川氏は、年齢がほぼ一緒、仕事も同じVE系。テアダウンでは、筆者の方が先行していたために、奥川氏からは何かと相談を持ち掛けられ、筆者が広島県へ行ったり、奥川氏が神奈川県藤沢市へ来たりと、会社の壁を越えてテアダウンの発展に努めてきました。奥川氏は、優秀なバリューエンジニアで、米国VE協会認定の国際資格「CVS（Certified Value Specialist）」も取得。残念ながら、2015年に他界しました。

③ TPS（IE）はどうだ

本来ならば、ここは、「IEはどうだ」とタイトルを付けるべきところかもしれません。しかし、筆者はサラリーマンとコンサルタントの経験

の中で、近年はIEそのものはもちろん、IEらしき方法で工程の問題点を探っている会社を見ていません。かくいう筆者自身も、実践したのは20年以上前に遡ります。

　実際、時間計測はビデオを用いて試みたことはありますが、分析に手間がかかります。そのため、時間から問題を発見をするのではなく、動作分析（ムダ・ムラ・ムリ）からアプローチしている会社が大半のように思えます。これはまさに、「トヨタ生産方式（Toyota Production System、TPS)」の基本的アプローチにほかなりません。筆者は、TPSは今やIEを凌駕したと感じていることから、ここではあえて「TPSはどうだ」とし、TPSを考えることにしました。

　トヨタ自動車が実践し、多くの生産現場が取り入れたTPSは、現場での行動を洗いざらい分析する方法といえます。その性格上、DX時代でも変わる部分は限られてくると思います。あくまで、現場における現在の動作のムダを見つけ出しては排除していく手法ですので。

　実際、リモートワークやコンピューターによる遠隔の環境においてムダを取り除くのは難しいと考えます。ただ、「現場・現物・現実」の三現主義がICTを駆使して自働化され、問題点や異常点が自動解析される可能性はあります。事実、これまでに現場での直接観測はVTR化され、ストップウォッチは使われなくなりました。品質チェックはセンサーや画像処理を活用し、人の判断による誤差をなくしてきました。今後も、「実績データをデータベース化して活用される」〔筆者と共に『VEの魂』（日経BP）の執筆メンバーの1人で、L.M.O代表の山田孝氏〕流れは加速し、例えば、組み立て構造や締結方法、材質などのデータからアドバ

イス項目を抽出し、設計段階であらかじめムダを排除するといった可能性はあります。しかし、やはり現場でのものの移動や運搬、いわゆるマテリアルハンドリング（マテハン）にはじまり、全ての動作分析が、三現主義に基づくという点に関しては大きな変化はなさそうとみています。

　一方で、リードタイムを短縮する「ジャスト・イン・タイム（Just In Time、JIT）」については既に、ICT化が相当進んでいます。今後も、材料手配にまで遡った一連の情報がリンクされ、さらに効率化されていくことでしょう。とりわけ、物流の変化によってさらなる変化が予想されます。

④　DFXはどうだ

　組み立て性や、修理やリサイクルなどを含めた分解性を分析する手法には、「組み立て容易性設計（Design for Assembly、DFA）」や「製造容易性設計（Design for Manufacture、DFM）」、米国でずいぶんと普及した「分解容易性設計（Design for Disassembly、DFD）」などがあります。これらを総称して「DFX」と呼びますが、もともと、「組み立てが容易な製品設計は、部品数が最少になる」という考え方に基づいて開発されました。

　これらのソフトの特徴は、現状をインプットすると、組み立て性や生産性上の問題点を解析し、それを数値化して新たな提案をしてくれるところにあります。小さな工夫までを発見し製品設計に反映できるものの、TPSと同様、ムダの排除や人間工学的動作の分析から出発していることから[注4-1)、手法自体は大きく変わりません。ただ、新たな改善事例

のデータを従来のデータに積み上げていくことで、今後変化していく余
地はあります。いずれにせよ、製造元の米ブースロイド・デュウハース
ト（Boothroyd Dewhurst、BDI）が、新時代に見合うようにどう改良
していくかが課題でしょう。

注4-1）筆者は1994年、米ロードアイランド大学で開発者のGeoffrey Boothroyd氏、Peter Dewhurst氏、
　　　Winston A.Knight氏らと、DFXについてさまざまな議論をしました。なお、これらのソフトについては
　　　現在、インプリミス（さいたま市）が取り扱っています。

⑤　TRIZ はどうだ

　最後は、ソビエト連邦（現ロシア）生まれの「TRIZ」です。ロシア
語の「Teoriya Resheniya Izobretatelskikh Zadatch」の頭文字を取っ
て TRIZ（トリーズ）と呼ばれ、日本語では「発明的問題解決理論」な
どと訳されています。

　筆者は、この TRIZ に非常に高い関心を持ちました。なぜなら、VE
ではアイデアがなかなか既成概念から抜け出せず、奇抜な発想ができな
かったからです。筆者は1997年、TRIZ のソフト販売を計画していた伊
藤忠テクノサイエンス（現 伊藤忠テクノソリューションズ）のスタッ
フと、既に TRIZ のソフト販売を展開していた数社の内の1社である米
アイディエーション・インターナショナル（Ideation International）を
訪問し、この手法の構図や使い方、データベースなどについて学んでき
ました。そして、筆者の勤務先において具体的な活用の是非を検討した
ものの、膨大なデータベースを展開するのは、金額的にも投入リソース
的にも困難と判断し、社内展開を断念。筆者が入手した TRIZ 関連情報
は産業能率大学に提供し、同大で研究が始まりました。

　その後、米国では VE 協会の年次総会において事例発表があったり、日本では多くの技術者が研究したり、NPO 法人の研究会ができたりしていますが、いずれも実践・経験論ではなく方法論やあるべき論の範疇にとどまり、現場レベルの手法にはまだまだ遠く及ばない様子です。

　筆者と共に、『VE の魂』（日経 BP）を執筆した、大西マネジメント・ソリューション相談役の大西正規氏は TRIZ について、「日本では、VE 協会西日本支部で TRIZ 研究会が 2002 年からスタートし、会社の中で使いやすい実践向きの TRIZ を開発し展開している。関西のいくつかの会社から、TRIZ の活用事例が報告され、アイデア発想の 1 分野を形成しつつあるようだ。使い方によっては、部品数マネジメントの有効なツールになるだろう」と語っています。筆者は、TRIZ によるアイデアが生かされた事例は記憶していませんが、今後、成功事例から大西氏の指摘にあるように部品数マネジメントの有効なツールになることを願います。

⑥　DX 時代に管理技術が貢献できるのは

　ここで取り上げたような管理技術に関しては日夜、現場で真っ黒になって実践している人から、掲げた理想にいかに近づけるかを机上で一生懸命考えている人まで、大変多くの技術者が推進し活動しています。今後、DX 時代にふさわしい管理技術として ICT や AI を活用していくためには、成功した事例を基にプログラミングし、AI が学習しながら改善事例を超える改善事例を生み出していくことが望まれます。あるべき論や机上論だけでは、答えは必ず空論になってしまいます。DX 時代

の管理技術は、あくまでも経験論が踏み台になってプログラミングして
いく必要があります。

　管理技術には、TPS のように現場にしっかりと根付いているものか
ら、練習用にとどまり小規模の事例しかないものまであります。AI の
プログラミングを考えた場合、前者には成功事例が山ほどありますが、
後者にはあまりありません。AI のプログラミングに真の説得力を持た
せるためには、1 つの商品なり主要な部品なりが提案で終わらずにきち
んと製品化まで到達した事例が不可欠です。小規模でもいいので、感動
を伴うような成功事例が欲しいものです。

4.5.3　ものづくり社会の変化と情報の共有化

　部品数マネジメントを含めた今後のものづくりにおいて、極めて重要
になるのが情報です。「情報を制するものは、ものづくりを制す」と
いっても、過言ではありません。そこでここでは、使用者・マーケット、
パートナー、販売先の 3 つの視点から情報や情報共有の在り方について
考えていきます。

①　使用者・マーケットの情報

　自動車や建設機械、農機といった製品では従来、化石燃料を使用して
エンジンを回し動力を得てきました。しかし今後は、カーボンニュート
ラルに向け、動力系が電気自動車（EV）や燃料電池車（FCV）へとシ
フトすると同時に、運転自体も自動運転の登場により大きく変化します。
　一方、家電製品を取り巻く環境を見ると、再生可能エネルギーの導入

　が進むと同時に、家庭生活の中でも自動空調や自動洗濯機をはじめ、全自動衣類たたみ機など自動化が進展し始めました。併せて、ホームセキュリティーも大きく変わりつつあり、プログラムによる自働化からAIによる自働化への変化が予想されています。

　ワークスタイルは、リモートワーク化などによりますます変わり、首都圏に集中していた人口が地方に分散するなど生活パターンも変化してきています。こうした社会環境の急激な変化と共に、日本の基幹産業の1つであった家電業界では、中心的な会社数社が白物家電から撤退し、海外の会社が日本の生活スタイルを左右しかねない状況になってきました。よい例が円盤型の掃除機で、これにより居室の洋間化が進み調度品も変わりつつあります。

　こうした中で、自動車や冷蔵庫、洗濯機といった一般耐久消費財に対する消費者ニーズにも、大きな変化が現れています。所有から利用へ——。サブスクリプション型のビジネスモデルが伸びているのは、その1つの証左です。もはや、従来の文化や従来の手法の延長では、未来社会にはついていけなくなります。

　要は、変化の具体的な内容が新しいニーズそのものであり、それに応えるのが新しい構造や新しい構成部品になるのです。この変化に対する洞察力と対応力を磨いてください。それが競争結果を大きく左右します。

　加えて、筆者は海外の展示会の視察に何度か行きましたが、家電にしろ自動車にしろ、はたまた建設機械にしろ、もはや日本製が抜け出しているといえる分野は極めて少なく、世界が平準化してきています。つまり、製品開発・製造における競合相手はもはや国内ではなく、明らかに

海外です。これまでは日本製品が日本の文化を創ってきましたが、海外からの製品が主体になると、その海外製品に文化が引っ張られるようになります。そう、スマートフォンが実にいい例で、生活が大きく変わりました。海外の情報をどう入手し、開発・製造に生かすか──。ここもまた、重要なポイントになります。

②　パートナーとの情報共有

　日本の自動車メーカーや建設機械メーカーを見ると、開発の中心は日本に置きながら海外にも開発拠点を持つメーカーが増え、現地の会社との技術提携も進んできています。こうした中、日本の開発部隊と海外の拠点との間で研究情報や開発情報などをどこまで共有するかが大きな課題です。海外拠点においてテアダウンを展開し、海外の競合他社の状況を把握している会社の存在を耳にしますが、データの集約や共有化は開発効率を大きく左右します。

　第3章のユニットモジュールの解説の中で、自動車メーカーとティア1（1次部品メーカー）、ティア2（2次部品メーカー）などとの関係に触れましたが、1社で全てをまかなえる会社は、一次産業ではまだ多く見られるものの、二次産業では製鉄など限られた業種に絞られ、三次産業では大半がパートナーと連携してビジネスを成立させています。かかる状況は、世界中どこでもほぼ同じといえます。

　そうした中で、例えばユニットモジュールの開発では、自動車メーカーの開発計画にパートナーをどこまで参画させるのかが常に大きな案件となります。開発計画は、非常に重要な機密事項だからです。たとえ

外観の変更でさえ、筆者がサラリーマン時代には、デザインセンターに入るのに特別なライセンスを必要としました。

　加えて、最近では、あらゆる業界に大きな課題・テーマが降りかかってきています。カーボンニュートラルやSDGs、リサイクルなどで、プラスチックごみ問題は既に日常を変え始めています。自動車メーカーを見れば、自動運転やセキュリティーといったローカルな課題に加え、こうしたグローバルな社会課題にも対応していかなければなりません。しかも自動車業界の場合には、米国の巨大IT企業であるGAFA〔グーグル（Google）、アマゾン・ドット・コム（Amazon.com）、フェイスブック（Facebook）、アップル（Apple）〕が参入。自動運転技術では既存の自動車メーカーを先行するなど、必ずしも従来のメーカーがイニシアティブを持てる社会ではありません。そして同様の変化は、多かれ少なかれ、あらゆる業界内で起き始めています。

　要は、メーカーが単独でこなせる案件は徐々になくなってきているのです。競争の原点である開発のスピードや深化を考えた場合、パートナーに対してどこまで秘匿性の高いテーマを胸襟を広げて情報開示・情報交換するかが課題となります。自動車業界では、メーカー間の技術提携が進み、グローバル化が一段と進化してきています。互いの利点をいかに生かしていくか、新しいビジネスの形が必要なのです。会社の合従連衡も、製品開発と同様、イニシアティブを握るのは、必ずしも規模の大きい会社ではなく、新時代に求められる技術力を持った会社になるでしょう。情報の共有化はますます複雑に、そしてますます難しい課題になりつつあります。

③　販売先との情報共有

　建設機械や農機の業界では、エンジン開発は膨大な投資が必要になる上、各企業での生産数量に限りがあることから、多くは自社開発をせず、自動車メーカーやエンジン専門メーカーから OEM（相手先ブランドによる生産）供給を受けてきました。ところが近年、カーボンニュートラルへの対応から、この構図は大きく崩れようとしています。供給元がいかに EV 化を図れるかにより、農機メーカーや建設機械メーカーなど販売先との連携構図が変わってくるのです。

　既に EV 化を宣言している農機メーカーでは、従来のエンジンをやめ、新たにモーターを採用することになります。こうした農機メーカーに対し、従来のエンジンを販売していたメーカーが EV 化計画を提案できれば、OEM を継続する可能性は高くなりますが、そうでないと、大きな商談が途切れてしまうことになりかねません。

　逆にいえば、モーターやバッテリーは汎用性が高いため、農機メーカーや建設機械メーカーはいろいろなメーカーから OEM 供給を受けることが可能になります。特定メーカーから供給を受けていたエンジンのときとは大違いです。結果、自社の設計範囲も広がり、そこに見合うモーターを選択する自由度も増します。モーターやバッテリーは優れたものが登場すれば、どんどんと切り替えていけばいいため、いわば選択市場に変わっていきます。逆にいえば、売り込みを図るモーターメーカーや制御機器メーカーにとっては、絶好のチャンス到来といえます。しかし大事なのは、この機会に変更部品に対する方針や戦略をしっかり持つこと。「よいモーターがあったから」と、簡単に受け入れたものの、

周囲の部品が専用化されたためにメンテナンスや補修用の部品が山のように増えてしまった、などといった事態が起こりかねません。だからこそ、よくよく考えた戦略が必要なのです。

　基幹部品がこのような状況になっている業界は、農機や建設機械だけではありません。最近では、半導体の部品の供給が止まり、多くの基幹産業で工場が停止する事態に追い込まれました。サプライチェーンにおいていかに情報交換を行っていくか、内製・外製の戦略や複数社への発注計画はどうするか、補完性のあるユニット開発をどう進めていくかなど、情報の共有化はますます重要になると共に、機密保持とのバランスが課題になります。

4.5.4　情報が会社の競争軸に

　今後、蓄電池を含めたエネルギーに関しては、太陽光や風力、地熱といった再生可能エネルギーや水素など情報は多様化してくると考えられます。それを受け、自動車や建設機械、家電製品といった業界は、どのような情報を取捨選択し、10～20年先の近未来に向け競争力ある商品企画ができるようになるかが問われています。

　発注先や納入先も従来の取引先から大幅に拡大し情報も種々交錯する中で、いかに有益な情報を蓄積・活用するのか、いかに自らの技術開発に基づく情報を発信できるのかなど、「情報戦」はDX時代の会社の新たな競争軸になるような気がします。

4.6 目標管理を見直す

4.6.1 情報の自動管理

　本章4.2.2で、そろばんの時代の話をしました。当時の道具や情報の限界から会計システムが構築され、それに基づいたマネジメントが今日まで進められてきました。背景には、高度経済成長がありました。少々不採算でも、いずれ数量が増えて黒字化するという環境だったのです。しかし、もはや環境は一変、マネジメントは、大きな変化を遂げる時代になりました。

　これまでは、設計構想からある程度の構図がみえてきたところで大まかな原価を予測し、それを基に設計者は、「これなら、原価企画の関門を突破できそうだ」と判断してきました。しかしこれからは、どんぶりに盛った固定費をABCにより1つずつ小鉢に移すことで、変動費だけではなく固定費の差異から、真の原価が追求できるようになります。そうなると、原価計算の方式が変わる。新設計したものの原価を把握する管理項目が変わる。計算式も、減価償却、販売管理費など小鉢の性格によって変わる──。

　これら「変わる」項目を新たな管理項目として計算式に加えます。後は、コンピューターに入力し計算すれば、新しく設計した部品のコストや投資が見える化されるというわけです。ランニングコストも変わるため、償却を終える時点によって部品の原価が変わることも把握できます。さらに、この計算から問題点が明らかになり、収益管理のマネジメ

ント自体が変わるのです。

　では、誰がやるのか──。筆者は、プロジェクトを統括する主管や商品開発事業の責任者が狼煙（のろし）を上げ、実際に原価計算をする、原価管理や原価企画などの部隊が新しい小鉢を増やしながら計算式をメンテナンスしていくことになると考えます。主管がいない会社では、最も正確に原価を知って管理する部隊が狼煙を上げるとよいでしょう。読者の皆さん、変えよう、変わろう、そして変わらなくては──。

4.6.2　目標管理はコンピューターで

　まさに、タイトルの通りです。人が行うと、余計な感情が入ってしまうからです。

　原価企画活動の実態を見ると、筆者が勤務していた会社だけではなく、コンサルタントとして指導した会社の多くで、原価企画部（課）など原価企画を管理する部門の人たちには閉鎖的なイメージを感じました。「コストは、重要な機密事項でオープンにできないから」というのが表向きの理由ですが、実のところは、「追及されると、計算データがなくて答えを言えないから」というのが筆者の見立てでした。「いや、そんなことはない。バックデータはある」と言うのなら、どんどん出したらいいのです。

　原価情報をクローズにすることが、部品数マネジメントにおける改善の阻害要因にほかなりません。「なぜ、原価を明らかにしなければいけないのか」と問われたら、「どこを改善したら、どれだけの数値効果が現れるのか、改善を実行したら目標に入るのか、まだ足りないのかを知

りたいから」と答えればいいのです。このことは、原価だけではなく、原価企画の目標管理全てに共通します。

　そして、自分が設計した部品のコストを知ることで、技術者は成長していきます。これからの目標管理は、コンピューターによって目標の未達状況や改善の提案、効果の査定などを提示するシステムを構築し実践することが何より重要です。例えば、目標未達の場合には、すぐに当該部品の文字を赤く表示し、そのサブアッセンブリにも、さらにその上位にも赤色のシグナルを発出するようにすれば、全員で問題を共有化できるようになります。

◀ コラム 現場の裏話 ［27］ ▶

コスト検討会で設計者が取った行動とは

　筆者が現役時代、某部品メーカーを訪問し、ある部品を目標コストに収れんさせるための「共同 VE 検討会」を開きました。出席者は、当方が筆者をはじめ、筆者と同じ部署のコストを創り込む技術者、担当の設計者、バイヤーで、先方が幹部と設計、生産技術、営業の各担当者でした。

　検討会が始まると、双方が主張するコストに乖離があり議論は白熱しました。特に、先方は、コストをなかなか明確にせず、「従来の部品に対し、この部分がプラス〇〇円」などとのらりくらり。どうやら、時間切れを狙い、最後はネゴに落とし込んで決着させる戦術のようでした。

　そんなとき、当方の設計者が、工程を模造紙に書き込んだ平面図を取り出したのです。そこには、現場作業者の動線が記され、歩数まで書かれていました。それだけではありません。射出成型機のサイクルタイムから、スプルーやランナーなどの切り取り時間、「ながら」でできる作業と直列の時間を要する作業の分析まで書き込まれていたのです。設計

者は、それを出席者が囲むテーブルの中央に広げると、コストがどうして こうなるのかを丁寧に説明し始めたのでした。結局、この設計者の主 張に反論できるメンバーは先方に1人もおらず、軍配は設計者に上がり ました。

　この設計者は、自分の設計をどうしても通したいと、コストに関して も理論武装をして検討会に臨んだのでした。多くの設計者が、「コスト は他人頼みで、バイヤーさん何とかしてくれ」というスタンスなのに対 し、この設計者はまさに自分で切り開きました。設計者には、これくら いコストに精通してほしいと思います。そうすれば、間違いなく、いい コストで設計ができるようになります。諸費用を小鉢に盛り付けて見え る化し理論武装しましょう。今では、これをコンピューターが支援して くれますから。

4.6.3　目標の落とし込み

　原価企画の各種目標の総額は、会社の経営ニーズに基づき、自動的に 割り付けられるものが多いと思います。

　そんな目標の1つ、総部品数に関しては、例えば筆者は部品数激減活 動の責任者だったことから、年間発生数の実績対比で「半数」を総数に して各プロジェクトに割り振りました（第2章2.3.3参照）。これには、 未経験なるが故に、単に部品数削減の責任者の立場から決めただけで、 根拠はありませんでした。こうした総数の具体的な目標については、業 種によってさまざまでしょうから、本書ではガイドラインは提示しませ んが、会社のニーズを踏まえて適正な数値を見いだして管理してほしい と思います。筆者の経験では、半数にしてもモデルチェンジがしっかり とできました（マネジメントとは、勘と度胸だということも学びまし

た）。そのため当時は、「もっと少なくしたら、もっとよい工夫が生まれたかもしれない」などと感じていたことを覚えています。

　本書で何度か記してきましたが、新規部品数を制限すると、少ない部品で要求機能を発揮しようと、設計者の努力や工夫が始まります。これは、揺るぎのない事実です。管理というのは、体質を改善するために実施するもの。それ故、常に前例よりも少なく割り付けることで、技術力をさらに高めていけます。その際に、部品数の予算に対し新部品数の総数、すなわち実績を見える化すれば、設計者にはとてもよい刺激となるでしょう。一度、大胆にやってみてください。改革はきっと実を結びます。

　ここで、第2章2.3.1に示した原価企画項目の一例を再度掲載します。マネジメントに必要な最低限の管理項目です。

- ▶ 利益（営業利益、経常利益、純利益）：SOS時、販売後の年次別
- ▶ 製品コスト：SOS時、年次別
- ▶ 製品別販売価格：SOS時、年次別
- ▶ 売り上げ台数と売り上げ金額：SOS時、年次別、地域別
- ▶ 許容投資額（治工具・金型費）
- ▶ 許容開発コスト（開発部門費）
- ▶ 新規発生部品種類数
- ▶ 質量
- ▶ 新技術目標（シーズと達成度）
- ▶ その他（商品の性格や置かれた状況に合わせた項目）

これらは、企画段階から各開発進捗フェーズ、販売開始（Start of

Sales、SOS）段階はもちろん、SOS 後も半期に 1 度はチェックするようにすれば、当該プロジェクトは十分に育て上げられます。

しかし、多くは開発過程で曖昧管理に移行し、SOS 時にはたとえ目標未達でも市場ニーズや法規制の要請から「待てない」と判断し、開発を完了。しかも SOS を過ぎると、マネジメントは終了し、検証が大甘になります。こうした反省から、管理はしっかりとコンピューターに委ね、目標未達の場合には上位管理者までアラームが届き、問題をしっかりと解決してから前進させる文化を定着させていくことが求められます。そして、その役割を担うのが、プロジェクトを統括する主管や商品開発事業の責任者、さらに上位の管理者（経営者）にほかなりません。「ストップ！」をかけられる人こそが真の経営者、管理者なのです。

もちろん、項目ごとに目標のブレークダウンの方法や管理の方法は異なります。業種や生産規模なども関係するため、各会社において工夫を凝らしてください。ここで、大事なことは、以下になります。

▶ 目標は共有化する

▶ 目標はプロジェクトを統括する主管以外に変えてはならない

▶ 割り振った目標について管理者を明確にする

▶ 常に目標と現状を対比し、問題があればすぐにアラームを鳴らす

こうしたことが開発業務の進捗度に合わせて自動的にメンテナンスされ、コンピューターを介して共有することにより、DX 時代の部品数マネジメントのあるべき姿がみえてくると、筆者は考えています。

4.6.4　警鐘はコンピューターから管理者、当事者へ

　目標管理はコンピューターで実施するよう述べてきました。ここでは、そのポイントを整理します。

① **データは開示しよう**

　筆者が勤務していた会社も、コンサルティングで訪問した会社も、原価企画のスタッフや管理者は、製品原価については書類の中身が見えないようにして話をします。先にも書きましたが、秘匿性からではなく、オープンにすることに自信がないからだと、筆者はみていました。データは出しましょう。オープンにしましょう。原価分析が正しいことが分かるかもしれませんし、仮に間違いとなれば問題点が見えるようになります。そのときに改めればいいのです。逆に改めなければ、いつまでも未解決の状態が続いてしまいます。

　データを開示し、それをコンピューターで管理して共有する――。それには、原価や部品数、開発コストなどの管理項目を評価する関係部門の各管理者（原価担当者、設計部門の管理者、開発部門の管理者など）と各責任者が定期的にそれぞれのデータを開示し合い、コンピューターを活用して自動報告できるようなシステムを構築するといいでしょう。それができなければ、そもそも在宅勤務やリモートワークは不可能と考えます。

②　共有データを育てよう

こうして各関係部門と主管などとの間でデータが共有されると、問題は顕在化するようになります。

▶ データの根拠に誤りがあるかもしれない

▶ 事実の把握に誤りがあるかもしれない

▶ 計算方法に誤りがあるかもしれない

▶ 情報元に誤りがあるかもしれない

こうした観点からデータを都度修正していくうちに、コンピューターのデータベースはだんだんと正常化していきます。無論、最初から正常には回らないもの。それ故、このような継続的改善が重要なアクションとなり、2回り、3回りとしていけば、だんだんと正常な方向へと収れんしていきます。皆で、共有データを育てましょう。

③　アラームを鳴らそう

各管理項目別にチェックポイントを定めます。もちろん、各管理項目で性格が異なりますから、一律ではありません。

例えば製品設計の場合には、設計企画書の段階、設計構想書の段階、試作図面の段階といった具合に、設計の進捗に合わせたフェーズごとに「どれくらいのコストになるか」など目標値を定めてチェックします。こうした開発途中でのチェックを省き、開発の最終段階であるSOS時点で全ての目標をチェックしていたら、事は大変。なぜなら、SOS時点では当然、全ての目標が達成されていなければなりませんが、仮に未達の問題が露見したからといって、ここまで来てしまうとなかなか「ス

トップ！」をかけられないからです。それ故、開発途中でチェック
フェーズを決めることがとても重要になります。製品設計では、研究試
作や量産試作など大きなチェックポイントがありますが、必要に応じ
て、それぞれの中間点などもチェックポイントに加えましょう。

　「ストップ！」は、単に目標を達成するためだけの行為ではありませ
ん。ここで人もデータも育つのです。原価管理の担当者をはじめ、もの
づくりの技術者、取引先、さらにはコンピューターのデータベースも
「ストップ」がかかると変わります。主管は、新製品づくりの名人であ
り、人づくりの名人になれるのです。

　この他、許容投資額は、試作図面が出るタイミングが第 1 次のチェッ
クポイント、さらに量産図面が出たときにチェック、発注先の見積もり
が来たときに再びチェックします。部品数については、同じく試作図面
が出るタイミングが第 1 次のチェックポイント、生産試作時が重要な
チェックポイントになります。ここで目標未達があれば、しっかりとデ
ザインレビューを実施し部品数の拡散を防ぎます。なぜなら、最終のタ
イミングになるからです。そして、量産図面で最後の確認をします。以
上、まとめると下記になります。

▶ 管理項目ごとにチェックポイントと目標を決める

▶ チェックポイントでは、目標と現状を対比する

▶ 未達があればアラームを鳴らし、その時点で必ず解決する

　これまでの日本の原価企画においては、主管から原価企画担当者、設
計者まで「SOS までにはまだ時間があるから、何とかなるだろう」と余
裕をみせつつ、最終的には手遅れになってしまったといったケースがし

ばしばありました。こうした過去の失敗を教訓に、問題を発見したら、そのときに必ず解決のメドをつけるまで対策を実施することが肝要です。

その点で、1つ気になることがあります。在宅勤務やリモートワークに伴うコミュニケーションの問題です。アラームが鳴ったとき、誰が責任を持って対応するのか、対応した結果がアラームの鳴らない正しい状態になったかどうかの確認はどうするのか——。特に、在宅勤務やリモートワークなどで関係者が顔を突き合わせずに分散して仕事をしていると、とかく曖昧になりがちです。希望的観測の管理は必ず失敗しますし、開発の時間経過と共に修正は難しくなっていきます。初期のアラームに即呼応し、即手当てし、即確認できる体制をしっかりと整えておくことが大事です。万一、それが不十分であれば、アラームが鳴り続ける仕掛けを取り入れておきましょう。

4.7 管理技術は経験工学、まずは実行あるのみ

4.7.1 部品数マネジメント費は社内最大予算項目

読者の皆さんには、もう理解していただいていると思いますが、部品数マネジメントに関わる費用は会社内で最大になります。設計費、品質保証費、治具・金型費、部品管理費、補修用部品管理費、棚卸減耗費にはじまり、カタログやパンフレットなど部品の種類数に比例する販売促進費や、やはり部品数に比例して増加する従業員数に関わる福利厚生費といった費用まで関係してくるからです。

それ故、部品数マネジメントに関わる費用はとてつもなく大きな費用

に膨れ上がります。仮に、これらの総額を「部品管理費」として計上したら、経営者はさぞかしびっくりし腰を抜かすかもしれません。逆にいえば、それを経営者が管理していないこと自体が摩訶不思議としかいいようがありません。読者の皆さんは、このことを、今なお気づかない経営者に教えてあげてください。これは、本書を読破した、皆さんの任務といっていいかもしれません。

　この膨大な費用をしっかりと管理し始めることによって、部品の誕生から消滅に至るまでを従来とは全く違った、新しい目線で捉えることができます。同時に、従来のビジネスにメスを入れ、競争力の高い新たなビジネスへと再生するきっかけになるはずです。改めて、社内で話し合い、再確認してみてください。

4.7.2　従来の延長線上に未来はない

　ここまで、筆者の経験や知見を中心に、本書の執筆支援を快く引き受けてくれた「チーム310」のメンバーにそれぞれの経験や知見を補足してもらいながら、ようやくこの最終章の最終項にまでたどり着きました。

　読者の皆さんの受け止めはそれぞれありましょう。「ヨシ！　これなら私にもできる」という積極派もいれば、「うちの会社は昔から…」という半ば諦め派もいるに違いありません。どちらにしても、口先だけで部品が減ったためしはありません。強い意志を持って実行しない限り、全て絵に描いた餅に終わります。

　本章の4.5.2で、筆者はテアダウンを日本で初めて実行したと書きました。少し重複しますが、1972年12月にGMの技術者が、トヨタ自動

車とホンダ、そして筆者が勤務していたいすゞ自動車３社の裸のシリンダーボディーを並べ30分間にわたって比較した後、筆者に設計的問題を指摘しました。筆者は翌日、気になっていたある問題部品を他社の部品と分解・比較して会議用机２台の上に並べ、設計部門の廊下で、テアダウン展示を開始したのです。それを幹部が見て関心を示し、テアダウン活動が加速。廊下から小部屋へ、小部屋から大部屋へと出世し、およそ10年後には、大型トラック数台分の分解展示をするまでに発展していきました。

　筆者は行動しました。学んで知識が増えても、実践しなければ知識は知識のままで終わり、いつか忘れて消え去ります。しかし、体験はこうして50年経ってもよみがえり、実践の結果は、何かしら残ります。日本中のものづくりの会社が、やり方はともかく、大なり小なりテアダウンを実施しているのが、その証しです。これこそが、まさに経験工学といえます。

　まずは、徹底してやってみてください。やってみれば、その味が分かります。経験して、失敗して、初めて正しいマネジメントのできる技術者に成長します。ABCの観点から原価管理に踏み込むのも、大きな経験となるはずです。そして、その経験は技術者、管理者、経営者など、どんなステージにおいても、きっと皆さんを支えてくれることになるでしょう。

　従来の延長線上に未来はありません。読者の皆さんは、とにかく一歩を踏み出してください。無論、時には失敗もするでしょう。しかしそれも１つの踏み台にして、部品数マネジメントに関わる各種管理技術を極

めてください。そして、皆さんの会社の利益構造が変わることを実証し
てもらえればと、切に願いつつ筆を置きたいと思います。

おわりに

日本のものづくりの発展にわずかでも貢献できれば

　正直、ここまでたどり着けるとは思いませんでした。いくら生々しい経験とはいえ、話題が古いため、書き始めたころはいろいろと迷うところがありました。その一方で、部品数マネジメントに関する書籍や手法などが世の中に乏しい上、「話題は古くとも、普遍的な内容であることから残さなければいけない」という思いが日に日に強まりました。「たとえ読んでいただける人が少なくとも、自分の足跡がほんのわずかでも日本のものづくりの発展に貢献するのなら、書き残そう」。こんな気持ちから、筆を執り続けました。

　出版に当たっては、日経BPの荻原博之氏に相談を持ち掛けたところ、「とてもおもしろいと思います。部品数マネジメントは経営革新であり設計革新でありながら、その重要さに気づいている所はまだ少ない。しかも、この内容は佐藤さんにしか書けません。ぜひ、やりましょう」と、快く編集作業を担当してもらいました。心から感謝申し上げたい。

　筆者は2015年、VE界をベースに第一線で活躍するメンバーを集めた「チーム310」を編成し、全員で執筆を分担しながら『VEの魂』（日経BP）を上梓しました。今回も、再び「新チーム310」を結成。仕事の都合で辞退された方もおられたため、前回とは少しメンバーが入れ替わったものの、新たに百戦錬磨のコンサルタント

にも加わってもらいました。

　部品数マネジメントという本書のテーマ自体は、実は、筆者らにとっては身近かつ単純なテーマです。しかし、いざ筆を執ると、メンバーからは何カ所かで異論が噴出し、議論を重ねました。『VEの魂』のときは上述した通り、各メンバーがパートを担当し、そこに他のメンバーが意見を加える形で進めました。といっても、各パートは担当メンバーの論文がベースだったため、「意見を加える」といっても少々遠慮がちだったことは否めません。しかし今回は、基本的に筆者1人で執筆したため、暖かくも厳しいご指摘をいただきました。「なるほど」と思うご指摘は素直に頂戴し、「う～ん」と悩んだご指摘は最終的には筆者の持論を展開させていただきました。従って、今回は新チーム310の共著とはせず、筆者の著作としましたが、新チーム310からは多くを学びました。

　最後に、筆者を除く新チーム310のメンバーを紹介します。メンバー各位には、本当に多くのご支援を賜ったこと、ご指摘に十分追従し切れなかった点があること、ここにお礼とお詫びを申し上げます。

2021年夏　佐藤嘉彦

新チーム 310 のメンバー

大西正規（おおにし まさのり） CVS、技術士（総合技術監理部門、経営工学部門）、中小企業診断士。1940 年神戸市生まれ。1963 年大阪工業大学工学部機械工学科卒業、同年川崎重工業入社。生産技術部門の要職を歴任。2002 年有限会社大西マネジメント・ソリューション代表取締役、2014 年には同社相談役に就任し、現在に至る。1985 年 CVS を取得。今も日本 VE 協会西日本支部「経営革新を生み出す活き活き VE 研究会」と「VE ツール研究会」の主査を務める。著書多数。本書では、専門分野の知見から全体の構成、筆者の浅学部分を補う文章校正などで多大なご支援をいただきました。大西先輩なくして本書はまとまりませんでした。

奥田英二郎（おくだ えいじろう） VES。1960 年福岡県生まれ。1980 年宇部工業高等専門学校機械工学科卒業、同年東洋工業（現マツダ）入社。生産技術、原価企画、車両開発を経て、2011 年より同社 VE センターでテアダウンの強化や VE の実践、社内外への普及活動を推進。日本 VE 協会広島地区 VE 塾の塾長を務める傍ら、2020 年には個人オフィスを立ち上げ、地域企業のものづくりを支援。本書では、マツダの社史や社内報の中から関連のある適切な資料を提供いただくなど、筆者の主張の重み付けに貢献していただきました。

坂本幸一（さかもと こういち）　CVS。1947 年徳島県生まれ。1969 年名古屋工業大学機械工学科卒業、同年 TCM 入社。技術部 VE 推進部長、理事竜ケ崎工場部品共通化推進室長、取締役資材部長、上席理事 VE 推進部長を歴任後、日立建機 VEC 専任部長に就任。1992 年 CVS 取得。2012 年 KS バリューコンサルティング代表に就任し、現在に至る。コンサルティング活動の他に各種セミナーを主宰する。本書では、ものづくり企業での実践経験をはじめ、管理者や経営者としての立場からも多くの示唆をいただきつつ、VE の専門家としての知見も注入していただきました。

山田 孝（やまだ たかし）　VEL。1952 年滋賀県生まれ。1976 年上智大学理工学部機械工学科卒業、同年久保田鉄工（現クボタ）入社。VE など管理技術を活用し、工場や関連会社の生産改善／設計改善を実施。1990 年トヨタ自動車入社。2006 年より中部産業連盟に出向し、コンサルティングに従事。2015 年山田クリーン経営オフィスを開設し、企業の改善活動を支援。製造業、サービス業など幅広い分野でコンサルティングを展開中。本書では、経験に基づいたものづくりに関する示唆をいただいたり、トヨタ自動車の社史や社内報の中から関連のある適切な資料をご提供いただいたりと、筆者の主張の重み付けに貢献していただきました。

注記：VE 関連資格の紹介

FSAVE：Fellow of SAVE の略。米国 VE 協会が認定する最高位の
名誉称号。日本人受賞は過去 6 人（うち 2 人は故人）。筆
者は、1995 年に日本人第 1 号として受賞。

CVS　：Certified Value Specialist の略。米国 VE 協会認定の国
際資格。

VES　：VE Specialist の略。日本 VE 協会が認定する資格。

VEL　：VE Leader の略。日本 VE 協会が認定する資格。

ライバルに打ち勝つ究極の処方箋

**部品数マネジメント
の教科書**

2021年10月12日　第1版第1刷発行

著者	佐藤嘉彦
発行者	吉田琢也
発行	日経BP
発売	日経BPマーケティング
	〒105-8308 東京都港区虎ノ門4-3-12
編集	荻原博之
デザイン	Oruha Design
制作	美研プリンティング
印刷・製本	図書印刷

本書籍に関するお問い合わせ、ご連絡は下記にて承ります。
https://nkbp.jp/booksQA